이성의 역학
새로운 과학적 철학을 위한 서설

*Dynamics of reason*

by

Michael Friedman

# 이성의 역학

새로운 과학적 철학을 위한 서설

마이클 프리드만 지음 | 박우석, 이정민 옮김

서광사

이 책은 Michael Friedman의 *Dynamics of Reason* (CSLI Publications, Leland Stanford Junior University, 2001)을 완역한 것으로, 한국어판에 부치는 저자의 새 서문이 추가되었다.


# 이성의 역학
새로운 과학적 철학을 위한 서설

마이클 프리드만 지음
박우석, 이정민 옮김

펴낸이 | 김신혁, 이숙
펴낸곳 | 도서출판 서광사
출판등록일 | 1977. 6. 30.
출판등록번호 | 제 406-2006-000010호

(413-756) 경기도 파주시 교하읍 문발리 534-1
Tel: (031) 955-4331 | Fax: (031) 955-4336
E-mail: phil6161@chol.com
http://www.seokwangsa.co.kr | http://www.seokwangsa.kr

제1판 제1쇄 펴낸날 · 2012년 7월 20일

ISBN   978-89-306-2087-1   93160

교사이자, 멘토, 친구인

칼 구스타프 (피터) 헴펠을 기리며

사람들은 [체계적인 통일성과 단순성을 향한 이성의 요구가] 그저 수고를 덜려는 경제 장치라고 할지 모른다. 한 번의 시도로 통일성을 획득할 수 있다면 처음에 가정한 설명 원리가 더 그럴듯해진다는 것이다. 하지만 그런 이기적 목표는 이성의 이념과 매우 쉽게 구별된다. 모든 이가 이 이념에 따라 이성의 통일성이 자연과 일치한다고 가정한다. 비록 이 통일성의 한계는 결정되지 않아도 이성은 여기서 구걸하지 않고 명령한다.

— 칸트

# 한국어판에 부치는 저자의 새 서문

먼저 번역을 준비하고 출판까지 힘써 주신 박우석 교수님과 이정민 군에게 감사하고 싶습니다. 다음은 짧은 서문으로『이성의 역학』의 주요 논점을 간단히 설명하고 이를 앞으로의 연구에서 어떻게 확장할지에 대한 제 최근 생각을 간단히 밝히겠습니다.

제가 '이성의 역학'이라고 하는 것은 토마스 쿤의 과학혁명 이론에 대응해 발전시킨 과학사·과학철학에 대한 접근법입니다. 다른 많은 철학적 대응과는 달리 제 접근은 쿤처럼 역사에 기초를 둡니다. 하지만 제가 보기에 쿤의 역사기술은 그 범위가 너무 좁다는 생각입니다. 쿤은 코페르니쿠스의 혁명에서 아인슈타인의 상대론까지 주로 근대 물리과학의 발전에 집중했습니다. 반면 저는 뉴턴부터 아인슈타인까지의 근대 정밀과학뿐만 아니라 이에 상응하는 칸트부터 논리경험주의까지의 과학적 철학을 놓고 이 둘의 상호작용을 역사적으로 추적하려 했습니다. 이를 이용해 과학의 본성에 대한 신칸트적 관점을 옹호하려는 것입니다. 특히 과학에서 당연시되는 독특한 간주관적 합리성을 설명하는 것이 제 목적입니다. 쿤의 관점은 여기에 대한 철학적 문제를 제기하는데 이는 그가 과학적 철학의 역사를 빠트렸기 때문이라는 것이 제 주장입니다.

아인슈타인의 상대론은 쿤이『과학혁명의 구조』9장에서 진정한 과학혁명의 예로 든 것입니다. 곧 혁명 이후의 개념틀이 혁명 이전의 틀과 공약불가능 또는 번역불가능한 경우입니다. 저도 이 점에서는 쿤에 동의합니다. 아인슈타인의 일반상대론은 이전 이론인 뉴턴의 만유인력 이론과 중요한 부분에서 공약불가능 또는 번역불가능합니다. 뉴턴 이론은 중력 작용을 외부에서 '가해진 힘'으로 나타내며 중력의 영향을 받은 물체는 유클리드 공간에서 뉴턴이 정의한 시간에 따라 직선 관성 경로를 벗어나게 됩니다. 반면 아인슈타인의 이론에서 중력은 기저 구조인 시공간 자체의 휨이나 구부러짐입니다. 아인슈타인 시공간에서 중력의 영향을 받은 물체는 (변곡률) 비유클리드 기하에서 최단 직선 경로인 측지선을 따라 움직입니다. 중력 이외에 작용하는 힘이 없는 '자유 낙하하는 물체'의 경로가 뉴턴 이론의 직선 관성 경로를 대신하는 것입니다.

2001년 처음 출간된 『이성의 역학』에서는 관련된 공약불가능성을 다음처럼 설명했습니다. 첫째로 원래 뉴턴 이론의 관점에서는 아인슈타인의 이론이 수학적으로조차 가능하지 않다는 것이 분명합니다. 아인슈타인의 이론을 정식화하는 데 필요한 수학인 베른하르트 리만의 다면체론, 곧 모든 차원과 곡률(유클리드 또는 비유클리드, 곡률이 상수 또는 변수)을 포괄하는 기하 '공간'에 대한 일반 이론은 19세기 후반까지 존재하지조차 않았습니다. 둘째로 아인슈타인의 이론에 필요한 수학이 나온 이후로도 진정한 물리 이론에서 그러한 기하를 자연에 적용한다는 것이 무슨 의미인지는 여전히 불명확했습니다. 다시 말해 아인슈타인의 새 이론이 물리적으로도 가능하다는 것을 보여 줄 필요가 있었으며, 이는 아인슈타인이 1907-1912년에 등가 원리로 부른 것에 대한 연구를 하면서야 분명해졌습니다. 이제 우리가 이해하기로 이 원리는 자유 낙하하는 물체가 4차원 (준)리만 다면체에서 최단 직선 경로인 측지선을 따른다는 것입니다. 여기서 최초로 이러한 추상적 수학 구조에 객관적이고 물리적인 의미가 주어졌습니다. 아인슈타인 이론에 의해 우리의 지적 공간(수학적·물리적 공간 모두)은 진정으로 확장되며 이제 문제는 그러한 확장이 어떻게 가능한지를 설명하는 일입니다. 이렇게 보면 뉴턴에서 아인슈타인으로의 전환이 합리적임을 설명하는 문제는 그러한 개념상의 확장이 어떻게 합리적으로 일어나는지를 설명하는 일이라고 하겠습니다.

제 전략은 이미 언급한 대로 동시대의 과학적 철학에서 함께 일어난 발전을 생각해 보자는 것입니다. 저는 뉴턴 이론에 철학적 기초를 마련했던 칸트의 원래 시도, 곧 『자연과학의 형이상학적 기초』(1786)와 『순수이성비판』(1판 1781년, 2판 1787년)에서 시작합니다. 오직 뉴턴 이론만을 향했던 칸트의 기초 놓기는 19세기에 와서 점차 의식적으로 변형되었습니다. 에른스트 마흐와 같은 과학사상가는 절대 공간과 운동의 문제를 다시 생각했고 헤르만 폰 헬름홀츠와 앙리 푸앵카레와 같은 이들은 비유클리드 기하라는 새로운 수학적 발견을 놓고 기하의 경험적·개념적 기초를 다시 검토했습니다. 등가 원리에 대한 아인슈타인의 처음 작업은 앞서 말한 대로 1912년에 정점에 이르는데 이 두 전통을 놀라운 방식으로 결합합니다. 그러면서 중력을 비유클리드 기하로 나타낼 수 있다고 하는 아주 놀랍고도 새로운 개념적 가능성에 도달했던 것입니다.

획기적인 돌파구가 마련된 것은 아인슈타인이 (1912년에) 균일하게 회전하는 원반 또는 좌표계의 예를 생각해 내면서입니다. 특수상대론의 틀 안에서 이 좌표계는 등가 원리에 따르자면 비관성좌표계입니다. 이 예를 생각해 낸 결과 비유클리드 물리 기하는 중력장을 나타내는 새로운 방식이 되었으며 아인슈타인이 이러한 결론에 이를 수 있었던 것도 헬름홀츠와 푸앵카레 사이에 있었던 기하학 기초에 대한 논쟁에서 미묘한 입장을 취했기 때문입니다(1921년의 유명한 강연 『기하와 경험』에서 회고하듯이). 바로 이 지점에서 아인슈타인은 이 논쟁을 공간, 시간, 운동의 상대성에 대한 이전 논쟁과 아주 멋있게 연결시킬 수 있었으며, 이렇게 처음에는 달랐던 두 사고 노선이 예기치 않게 교차하고 한데 모이면서 아주 새로운 시공간 기하가 자연스럽게 (합리적으로) 나타난 것입니다.

내 생각에 이 모두는 선험적 과학 원리에 대한 칸트 생각을 어떤 역사적 맥락에 놓인 특정 과학 이론에 상대화할 필요가 있음을 보여 줍니다. 또한 과학의 객관성 (간주관적 합리성) 개념 자체를 역사화할 필요도 있습니다. 예를 들어 유클리드 기하와 뉴턴의 운동 법칙은 뉴턴의 만유인력 이론이 객관적 · 경험적 의미를 지니기 위한 필수적인 전제였습니다. 반면 일반상대론에서는 리만의 다양체론과 등가 원리로 구성된 아주 새로운 개념틀이 마찬가지로 필수적인 전제 역할을 합니다. 이 새 맥락에서 뒤의 개념틀이 합리적으로 수용될 만했던 이유는 바로 아인슈타인 자신이 거기에 도달하기 위해 헬름홀츠, 마흐, 푸앵카레와 같은 이전의 과학적 철학 전통 안에 의식적으로 자기를 위치시켰기 때문입니다. 이 전통 또한 칸트가 처음 내놓은 '초월적'인 과학적 합리성 개념에 맞서 의식적으로 자기를 내세운 것과 마찬가지입니다. 따라서 아주 새로운 개념틀인 아인슈타인의 틀은 가능성을 규정하는 필수 전제들을 포함한다는 점에서 대체된 뉴턴의 틀과 비슷하지만 실제로는 이 틀에서 진화해 나온 것이기도 하며 그 사이에 19세기 수학과 과학적 철학의 전통이 끼어든 것입니다. 아인슈타인이 이론을 발전시키던 역사적 맥락을 고려할 때 수학, 물리, 철학이 복잡하고 미묘하게 혼합된 상황이었고, 아인슈타인은 이러한 지적인 문제 상황 전체에 대해 거의 최적의 해결책을 찾은 것입니다.

요약하면 저는 칸트의 비역사적인 과학적 객관성 개념에서 시작했습니다. 이는 뉴턴주의가 성공한 18세기 후반, 철학과 과학의 문제 상황에서 가능한 최선의 해결책이었습니다. 하지만 수리과학에서 유클리드와 뉴턴의 틀이 일단 깨져 버린 이상 칸트 개념을 원래 형태대로 가져갈 수는 없다는 생각입니다. 그래서 제가 말하는 이성의 역학에서 철학과 과학이 급격히 변모한 상황에 맞게 상대화되고 역사적인 과학적 합리성 개념을 새로이 밝히려는 것입니다. 제 전략은 처음부터 역사적인 논변으로 우리의 현재 상황이 칸트가 직면했던 이전의 상황에서 자연스럽게 (그리고 합리적으로) 진화해 왔다는 것입니다. 그리하여 칸트의 가장 근본적인 교의 몇몇(예를 들어 분석적 종합)은 폐기된다기보다 (합리적으로) 변형되고 재해석됩니다.

그런데 지난 십년 간 제가 점차 확신하게 된 것은 이 전략에서 칸트가 구분한 두 가지 서로 다른 인식 능력을 강조할 필요가 있다는 것입니다. 곧 수동적으로 지각하는 능력인 감성과 능동적인 지적 능력인 지성이 그것입니다. 특히 확고히 독립된 감성 능력을 어느 정도는 칸트를 따라 보존할 필요가 있습니다. 『이성의 역학』에서 나는 이것을 (초기 라이헨바흐처럼) 물리적 조율 원리로 해결하려 했습니다. 그 기능이 바로 추상적인 수학 개념(예를 들어 뉴턴의 절대 공간, 시간, 운동 개념)을 구체적인 경험 현상(태양계에서 관측된 천체 운동)과 연결시키는 것이기 때문입니다. 이것이 실제로 (라이헨바흐의 용어로) '구성적'인 상대화된 선험 원리(여기서는 뉴턴의 운동 법칙)라고 하는 것의 중요한 사례입니다. 그런데 저는 이제 이 구성 원리 개념마저 너무 빈약하지 않은가, 그래서 감성에 주어진 것에 충분히 독립적인 선험 구조를 부여하지 못하는 것은 아닌가라고 생각하게 되었습니다.

그렇다면 어떻게 칸트의 감성 능력을 체계적으로 재해석할 수 있을

까요? 원래 칸트는 이 능력을 유클리드 기하와 뉴턴 물리에 한정시켜 이야기했지만 이제 그 한계를 인정해야 합니다. 제가 찾고 있는 해답은 칸트의 감성 능력을 물리적 좌표계라고 부르는 것으로 바꾸는 것입니다. 이는 직시적으로(ostensively) 도입되어 감각에 주어진 (시간과 공간) 좌표 체계로 경험 현상은 그 안에서 관측되고, 서술되며, 측정됩니다.

뉴턴 물리에 한정된 칸트의 초월적 기초는 이미 이러한 생각의 일부를 포함합니다. 칸트는 지구라는 최초의 국지적 관점에서 시작해 감각되고 물리적으로 정의되는 '상대 공간들'의 극한에서 뉴턴의 '절대 공간'이 구성된다고 보았습니다. 19세기 후반의 관성계 개념도 칸트 개념과 아주 닮아 있습니다. 절대 공간을 선호된 좌표계(뉴턴의 운동 법칙이 반드시 성립하는 좌표계)로 바꾸면 이는 우리의 실제로 감각하는 경험 세계에 구체적으로 (적어도 근사적으로) 주어집니다. 따라서 지상 현상만을 고려하면 지표면에 붙어 있는 고전적인 '실험실계'는 관성계에 대한 좋은 근사를 제공합니다. 그런데 뉴턴이 보여 준 대로 우주과학을 위해서는 (그리고 이 과학을 지상물리학과 통합하려면) 태양계의 중력중심으로 정의된 더 포괄적인 좌표계가 필요합니다. 이 우주 좌표계는 처음의 실험실계보다 더 관성계에 가까우며, 그렇기 때문에 지구 위의 감각 경험에서는 더 멀기도 합니다. 그렇다고 해도 여전히 지구 위의 경험에서 시작해 경험적으로나 수학적으로 잘 정의된 조작을 거쳐 닿을 수 있기는 합니다.

아인슈타인이 발전시킨 일반상대론은 고전적인 관성계 개념을 자연스럽게 확장합니다. 1905년의 특수상대론은 이 개념을 중시해 빛의 속도가 불변이라는 새로운 경험적 발견과 짜맞추었습니다. 빛 원리는 그가 상대성 원리라고 부른 것과 겉으로는 모순처럼 보입니다. 이 표면적

모순을 해결하기 위해 아인슈타인은 고전적인 (절대) 동시성 개념을 수정합니다. 그러면서 서로에 대해 운동하는 관성계들 사이의 관계도 (갈릴레오 변환이 아닌 로렌츠 변환으로) 수정했습니다. 아인슈타인의 연구에서 출발해 민코프스키는 1908년에 공간, 시간, 운동을 서술하는 아주 새로운 수학적 구조에 도달합니다. 우리가 민코프스키 시공간이라고 부르는 구조입니다. 하지만 이 새 (훨씬 더 추상적인) 시공간 구조는 여전히 (근사적) 관성좌표계에서 관측되는 경험 현상과 관련이 있습니다. 이 관성계는 또한 지표면에 붙어 있는 실험실계에서 관측되는 감각 경험과 관련이 있으며, 이러한 상황은 뉴턴 이론과 아주 닮아 있습니다.

직시적이고 감각에 의해 도입된 좌표계를 이렇게 진지하게 받아들이면 상대화된 선험 개념을 더 풍부하고 정교하게 만들 수 있습니다. 지표면에 붙어 있는 실험실계는 적어도 고도의 근사로 유클리드 기하와 뉴턴 물리로 서술할 수 있습니다. 이 점에서는 칸트가 말하는 감성 능력의 독립적이며 선험적인 구조와 잘 맞습니다. 특히 어떠한 추상적인 이론 구조(민코프스키 시공간 같은 구조)를 도입한다고 해도 거기에 경험적 의미가 있으려면 먼저 감각에 주어진 고전 구조와 연결되지 않으면 안 됩니다. 이론 구조가 (칸트의 원래 생각과 달리) 유클리드와 뉴턴의 처음 구조에서 많이 벗어난다고 해도 말입니다. 칸트가 지성 능력의 도식화라고 한 것과 유사한 이 과정은 라이헨바흐의 조율 원리보다 훨씬 더 내용이 풍부합니다. 이론과 조율된 관측 현상이 그 자체의 선험적인 수학 구조를 지니기 때문입니다. 이로써 (상대화된) 선험적인 수학 구조는 관측과 이론 수준 모두에 있게 되고, 이 둘은 또 복잡한 과정을 거쳐 연결되며 서로에 대해 정보를 줍니다.

제가 앞으로 연구하고 싶은 것은 원래 칸트의 감성 능력이 이후의 철학과 과학 발전에서 어떻게 재편되었는가를 탐색하는 것입니다. 다시 헬름홀츠에 의해서 칸트의 감성 능력이 어떻게 탈바꿈되는지를 봅시다. 헬름홀츠는 칸트의 공간 개념을 "우리 외적 직관의 필수 형식"이라고 의도적으로 재해석해 자유 이동의 원리를 기하학의 기초에 도입했습니다. 이러한 재해석은 공간 지각에 관한 헬름홀츠 자신의 정신생리학 연구에서 나온 것입니다. 이에 따르면 공간 개념은 즉각 주어지는 것이 아니라 몸을 움직이는 경험에서 생겨납니다. 이렇게 헬름홀츠의 공간 지각 이론은 그의 정신생리학에 관한 실험연구와 연결될 수 있습니다. 여기서 헬름홀츠는 매우 정교한 실험실계(그저 이상화된 움직이는 관측자가 아닌)를 쓰는데 교묘하게 설계된 실험 장치는 당시(19세기 중반)의 기술적 자원을 십분 활용한 것입니다.

마지막으로 저는 헬름홀츠의 실험 작업에 대한 이 논의를 19세기 후반과 20세기 초반까지 확장하고 싶습니다. 먼저 검토하고 싶은 것은 헬름홀츠의 제자인 하인리히 헤르츠가 전파를 써서 맥스웰의 전자기 이론(특히 빛과 전자기파를 동일시)을 확인한 유명한 실험입니다. 그리고 검토하고 싶은 것이 마이컬슨·몰리 실험(새 마이컬슨 간섭계를 이용)으로 이는 아인슈타인의 특수상대론을 실험적으로 뒷받침하는 중요한 단서입니다. 두 경우 모두 지표면에 설치된 실험 장치는 (근사적으로) 관성좌표계입니다. 특히 마이컬슨·몰리 실험에서는 장치(간섭계)를 회전하는 실험대 위에 교묘하게 설치해 지구의 알려진 (우주 공간에서의) 운동이 예상과 달리 빛의 운동 방향(지구 운동과 평행 또는 수직)에 따른 속도에 영향을 주지 않음을 밝혔습니다. 지표면의 실험실에서 한 실험은 이렇게 천체 현상과도 연결되며 이 과정은 1919년의 일식 관측으로 정점에 이릅니다. 이 관측(사진 건판을 이용)은 일반상대론의 예측대로 태양의 중력장에서 빛이 휘는 현상을 멋있게 확인했습니다.

이제 원래 칸트의 감성 능력 개념을 재편하려는 제 새로운 생각이 이

전의 생각과 만나는 지점에 도달했습니다. 『이성의 역학』에서는 칸트가
내놓은 과학 이론의 선험적 구성 원리라는 개념이 아인슈타인 상대론
이 나온 이후 재편되는 과정을 보았습니다. (뉴턴의 운동 법칙은 빛 원
리와 등가 원리로 바뀝니다.) 말씀드린 대로 이 접점을 탐색하는 것이
앞으로 저의 과제이며 여기서는 더 진행할 수 없습니다. 하지만 독자는
저의 최근 논문에서 관련 문헌(저의 글과 기타 이차 문헌)과 함께 저의
지금 생각에 대한 감을 잡을 수는 있겠습니다.[1]

2012년 6월 8일
캘리포니아 스탠퍼드에서
마이클 프리드만

---

1) "Reconsidering the dynamics of reason," *Studies in History and Philosophy of Science* 43 (2012): 47-53.

# 차례

지난 20년 동안 나는 칸트(18세기 후반)에서 논리실증주의(20세기 초)에 이르는 과학적 철학의 발전과, 이와 동시에 일어난 과학 내적인 발전, 주로 논리학, 수학, 수리물리와 같은 정밀과학의 발전 사이의 관계를 추적하는 역사 연구에 몰두했다. 이러한 연구는 두 영역에 집중되었다. 하나는 당시 과학(유클리드 기하와 뉴턴 물리학)에 관여했던 칸트이고, 다른 하나는 19세기 말과 20세기 초 정밀과학의 혁명적 변화(비유클리드 기하와 상대론 물리)에 힘입어 당시 칸트나 신칸트 철학을 변혁시키려 했던 논리실증주의자들이다. 내 주목적은 과학적 철학의 역사적 발전과 이와 병행한 정밀과학의 발전 사이의 심오하면서도 복잡한 관계를 그려 내는 것이었다.

하지만 나는 이러한 역사 연구에서 지금 우리가 처한 철학에서의 난관에 대한 실질적 교훈을 이끌어 내려 하지는 않았다. 실제로 내 논조는 대체로 실망스러운 것이었다. 칸트 고유의 철학적 종합은 과학에서의 예기치 못한 혁명적 변화 때문에 실패했다. 이러한 종합을 과감히 뜯어고치려던 논리실증주의자들도 20세기 초 과학에서 일어난 매우 급속한 변화에 적절히 대처하지 못했다. 이러한 상황에 대해 나는 막연한 제안만을 했을 뿐이다. 곧 지금 우리도 철학적 작업과 과학적 발전 사이에 생산적인 교류를 시도해야 하지만, 칸트주의와 논리실증주의가 모두 실패한 상황에서 이를 어찌해야 할지 모른다는 비관적인 결론이 이어졌다.

1990년대 중후반 나는 이 궁지에서 벗어날 길을 찾았다. 정밀과학에서 칸트 또는 신칸트 식 선험 원리 개념(칸트 고유의 선험적 종합 개념, 논리경험주의 전통에서 발전된 루돌프 카르납의 선험적 분석 개념)을 계속 받아들일 수 있을지는 여전히 분명하지 않았다. 그렇다고 해도 현재 과학철학에서 유력한 견해, 곧 자연주의와 인식론적 전체론은 이러한 과학에 대한 적절한 철학적 관점으로 아주 쓸모없다고 확신했다. 이러한 이중의 배경을 놓고 내가 생각해 낸 것은 카르납의 형식언어·언어틀 철학의 기본 요소와, 토마스 쿤의 훨씬 덜 형식적인 과학혁명 이론을 결합하는 것이었다. 이렇게 한다면 역동적이고 상대화된 선험 원리 개념을 좀 더 구체적으로 밝힐 수 있을 것이다. 그것도 과학의 형식언어에 대한 구문론이나 의미론이 아닌, 과학적 개념의 변천사 안에서 말이다. 이로써 쿤 식 개념사의 이점은 취하고 동시에 카르납 식으로 형식화된 과학논리(Wissenschaftslogik)의 난점은 피할 수 있다. 특히 알려진 대로 콰인은 카르납의 분석적 진리 개념을 공격했고 이는 이제 널리 받아들여지지만, 그렇다고 우리가 선험적인 것이라곤 전혀 남지 않은 철저한 인식론적 전체론을 받아들일 필요는 더 이상 없다.

1997년 나는 하버드대에서 화이트헤드 강연과 미국철학회 중부지부의 회장 강연을 할 기회가 있었다. 두 강연 모두 주제로 고른 것이 "철학적 자연주의"(Friedman 1997a)였다. 거기서의 내 목적은 콰인의 인식론적 전체론에 대한 우리 시대의 합의를 공격하면서 상대화된 선험 원리에 대한 신칸트 식 (역사화된) 개념을 옹호하는 것이었다. 이와 더불어 과학에서 과학적 철학이 차지하는 특별한 역할을 긍정적으로 바라보려 했다. 과학적 철학은 메타과학 수준의 사유 또는 담론으로서 과학 내에서 일어나는 급격한 개념상의 혁명(쿤의 "패러다임 전환")을 합리적으로 만드는 데 꼭 필요하다. 이러한 생각은 둘째 논문「과학적 철학의 이념에 대해」에서 좀 더 발전시켰고 이를 노스웨스턴 대학에서 "과학, 그리고 인간됨을 규정하기"라는 연속 강연의 일부로, 그리고 워싱턴 대학의 스타이스 강연, 캘리포니아대 리버사이드 캠퍼스의 명사초청 강연, 런던 대학의 제이콥슨 강연, 아이오와 대학의 홀 강연, 플로리다 주립대의 베르크마이스터 강연으로 발표했다.

바로 이 논문이 이 책의 1부를 구성하는 세 강연 중 첫 번째가 되었다. 1998-99년도에 이 세 연속 강연을 네 번이나 할 기회가 있었는데, 토론토 대학의 사이먼 강연, 매해 방문하던 웨스턴 온타리오 대학에서의 강연, 프린스턴 대학의 헴펠 강연, 스탠퍼드 대학의 칸트 강연이 그것이다. 특히 프린스턴에서의 헴펠 강연을 맡게 된 것에 기뻤다. 내 자신이 1970년대 초 프린스턴에서 헴펠의 학생이었고, 쿤의 생각을 논리실증주의와 결합하려는 내 시도가 어떤 점에서 철학자로서 생의 후반에 비슷한 절충을 시도한 헴펠 자신의 노력[이 시기의 논문을 모은 Hempel(2000)을 보라]을 보완하기 때문이었다. 헴펠은 쿤 사상의 실용주의적·반형식주의적 차원이 오토 노이라트의 자연주의에 가까운 논리실증주의와 닮아 있음에 주목했다(헴펠 자신도 초기에 베를린과 빈에서 노이라트의 많은 영향을 받았다). 반면 나는 쿤의 과학 패러다임 개념과 카르납의 언어틀 개념 사이의 유사성을 이용하려 했다. 과학의 인식론을 실용주의나 자연주의보다는 칸트 쪽으로 옮기고 싶었던 것이다.

마지막으로 세 강연에 담긴 생각을 논의한 곳은 1999년 6월, 괴팅겐 대학의 5차 괴팅겐 철학 콜로키움이었다. 이 콜로키움 시리즈에서는 괴팅겐 철학 세미나의 학생들이 한 학기 동안 어떤 철학자가 하고 있는 작업을 조사한 뒤 마지막 3일 동안 이에 대한 논문을 발표하며 철학자 자신과 열띤 토론을 벌인다. 이를 위해 나는 세 강연을 Friedman(1997a, 1997b, 1998, 2000a)과 같은 관련 문헌과 함께 제공했다. 이 콜로키움을 마련해 준 뮐휠처(F. Mühlhölzer)와 뮐러(O. Müller)에게 깊이 감사한다. 특히 내 작업에 대한 논문을 준비한 학생들, 휘브너(M. Hübner), 켈러(L. Kähler), 클라우크(T. Klauk), 마르텔(C. Martel), 로제(U. Rose), 슈미트(T. Schmidt), 슈미트-사모아(C. Schmidt-Samoa), 쳅케(F. Tschepke), 베닝거(R. Wenninger)에게 감사한다. 특히 그들의 비판적인 의견에 감사한다. 강연 내용은 진행 중인 작업이었고 최종 형태로 굳어진 것이 결코 아니었기 때문이다.

무엇보다 이러한 이유에서 강연과 함께 2부 "토론의 소득"을 이 책에 싣는다. 강연 자체는 변화 없이 거의 그대로이지만 (각주에서 참고문헌을 달고 논의에 답해 내 생각이 더 나아간 곳을 표시한 부분을 빼면) 2부는 강연 내용을 새로 짜임새 있게 발전시키려 했으며, 이는 대부분 위에 밝힌 기회에 참고한 의견들 덕분이다. 하버드대의 카벨(S. Cavell), 골드파브(W. Goldfarb), 코스가드(C. Korsgaard), 모들린(T. Maudlin), 퍼트남(H. Putnam), 스캔런(T. Scanlon), 토론토대의 브라운(J. R. Brown)과 해킹(I. Hacking), 웨스턴 온타리오대의 데모폴로스(W. Demopoulos), 디살(R. DiSalle), 하퍼(W. Harper), 미르볼드(W. Myrvold), 니콜라스(J. Nicholas), 피토우스키(I. Pitowsky), 프린스턴대의 아른체니우스(F. Arntzenius), 벨로트(G. Belot), 베나세라프(P. Benacerraf), 버지스(J. Burgess), 제프리(R. Jeffrey), 존스턴(M. Johnston), 로젠(G. Rosen), 프라센(B. v. Fraassen), 스탠퍼드대의 브래트만(M. Bratman), 큐리엘(E. Curiel), 에치멘디(J. Etchemendy), 페퍼만(S. Feferman), 고드프리-스미스(P. Godfrey-Smith), 거트만(Y. Guttmann), 로티(R. Rorty), 수피스(P. Suppes), 테일러(K. Taylor)에게 감사한다. 이에 더해 앨리슨(H. Allison), 바이저(F. Beiser), 멜리(D. B. Meli), 보고시안(P. Boghossian), 부스(W. Boos), 버지(T. Burge), 카리에로(J. Carriero), 카루스(A. Carus), 데이비슨(D. Davidson), 딕슨(M. Dickson), 프랑크(M. Frank), 필드(H. Field), 파인(A. Fine), 개비(A. Gabbey), 굽타(A. Gupta), 하이델버거(M. Heidelberger), 카플란(D. Kaplan), 코엘트게(N. Koertge), 랭(M. Lange), 로이드(E. Lloyd), 맥캔(E. McCann), 네이글(T. Nagel), 뉴먼(W. Newman), 노모어(C. Normore), 파피뉴(D. Papineau), 파리니(P. Parrini), 포지만(P. Pojman), 리차드슨(A. Richardson), 손더스(S. Saunders), 시퍼(S. Schiffer), 소렌슨(R. Sorrenson), 스트라우드(B. Stroud), 서덜랜드(D. Sutherland), 탤벗(W. Talbott), 타노나(S. Tanona), 보엘러(C. Voeller), 윌리엄스(M. Williams), 윌슨(M. Wilson), 빈터(R. Winther), 워랄(J. Worrall), 그리고 언제나 피리스(G. De Pierris)에게 감사한다. 마지막으로 찾아보기를 만들어 준 매팅리(J. Mattingly)에게 감사하고 싶다.

**참고문헌에 대한 설명.** 참고문헌에서는 종종 원판, 2판 및 재판, 번역 모두를 표시했다. 인용하면서는 원판과 이후 판본 모두의 연도를 표기했다. 이때는 대부분 두 판본 모두의 쪽수를 표시한다. 예를 들어 Carnap(1934/37, 245-6/317-9쪽)은 『언어의 논리적 구문론』(*Logical Syntax of Language*)의 원래 독일어판(1934)과 영역본(1937)의 쪽수를 나타낸다. 하나의 쪽수만 표기한 경우는 뒤에 나온 판본을 가리킨다. 예를 들어 Quine(1951/53, 42-3쪽)은 『논리적 관점에서』(*From a Logical Point of View*)의 재판(1953) 쪽수이다.

# 1부: 강의

# I. 과학적 철학의 이념

내 강의 주제는 과학과 철학의 관계이다. 이 둘은 서양 지성사 전체에 걸쳐 밀접한 관계에 있었다. 둘 모두 기원전 6세기와 3세기 사이의 그리스에서 생겨나 13세기와 17세기 사이에 중세 후기, 르네상스, 근대 초기를 거치며 다시 함께 꽃피웠고 결국 오늘 우리가 아는 근대과학과 근대철학을 탄생시켰다. 오늘날과 달리 이전 시대에는 아직 철학과 과학 사이에 분명한 구분이 없었다. 플라톤과 아리스토텔레스 학파는 철학뿐만 아니라 수학, 천문학, 생물학, 자연사, 기상학에 중대한 공헌을 했으며, 데카르트와 라이프니츠 같은 근대 초기의 사상가들도 마찬가지로 지금의 철학과 당시 출현한 새 과학에 근본적인 공헌을 했다. 지금 우리의 물리학이 당시에는 아직 자연철학으로 불린 것을 보면, 이들 사이에 첨예한 구분이 없었음을 쉽게 알 수 있다.

하지만 그 뒤로 오늘날 우리에게 친숙한 경계선이 형성되기 시작했다. 물론 19세기에도 헤르만 폰 헬름홀츠, 에른스트 마흐, 앙리 푸앵카레처럼 두 분야 모두에서 중요한 공헌을 한 개인들은 계속 나왔다. 심지어 모든 영역이 훨씬 더 전문화된 20세기의 풍토 속에서도 특별히 혁명적인 작업을 한 과학자들은 근본적인 철학 문제에 계속 관여했다. 예를 들어 알베르트 아인슈타인의 경우 (존 듀이, 조지 산타야나, 버트런드 러셀, 에른스트 카시러, 칼 야스퍼스, 루돌프 카르납, 마틴 부버, C. I. 루이스, 칼 포퍼, 가브리엘 마르셀, W. V. 콰인과 같은 인물들과 나란히) 〈살아 있는 철학자 총서〉(Library of Living Philosophers)에서 한 권을 차지하는데 그 제목은 『알베르트 아인슈타인: 철학자·과학자』[1]이다. 그렇다고 해도 이제 과학과 철학의 직업상의 경계는 분명하다. 헬름홀츠, 마흐, 푸앵카레는 직업 철학자라기보다 직업 과학자였다. 지적 경계 또한 분명하다. 〈살아 있는 철학자 총서〉 가운데 철학자·과학자라는 칭호는 아인슈타인이 유일하다(데카르트와 라이프니츠 시대에는 없던 칭호이다).

우리에게 이제 친숙한 이 경계선이 형성되면서 특히 직업 철학자들에게 새로운 지적 문제들이 나타났다. 적어도 직업상으로 철학과 과학이 분명히 구분된다면 그 관계는 어떠해야 하는가? 데카르트나 라이프니츠 시대처럼 자연과학이나 수리과학과 밀접한 관계를 유지해야 하는가, 아니면 역사, 정치, 종교, 예술과 같은 인문학 분야들과의 긴밀한 관계를 위해 그 연대를 포기해야 하는가? (19세기와 20세기에 걸쳐 진행된 전문화의 결과 양자와 똑같이 밀접한 관계를 유지하기란 불가능하지는 않아도 힘들어 보인다.) 철학이 직업상으로는 과학과 구분된다고 해도 지적으로는 과학을 모방하고자 노력해야 하는가? 예를 들어 심리학이나 수리논리학과 같은 과학 분야에 흡수되어야 하는가? 그렇게까지는 못해도 "과학적"이기 위한 노력으로, 전통 형이상학 체계 간의 끝없는 논쟁 대신 철학 문제에 대한 새로운 접근을 통해 과학에서와 같은 정도의 진보나 합의를 이끌어 낼 수 있어야 하는가?

이러한 문제가 몇몇 역사적 사례를 검토하면서 내가 밝히고 싶은 문제들이다. 나는 특히 "과학적 철학"으로 알려진 전통 안에서 이 문제들에 대해 제시된 여러 해답들을 살펴볼 것이다. 비록 내 초점은 과학과

---

1) Schilpp(1949).

철학의 특수한 관계이지만, 우리 논의에서 더 일반적인 함축 또한 끌어
내기를 희망한다. 그 둘의 관계는 같은 시기에 비슷한 이유들로 인문학
안에서도 말썽 많은 문제가 되었기 때문이다. 19세기 후반에 가속화된
전문화와 직업화는 학문(Wissenschaft, 이 독일어는 우리말 '과학' 보다
훨씬 더 넓은 의미이다)에서 자연과학(Naturwissenschaften)과 정신과
학(Geisteswissenschaften)의 분열을 낳았다. 20세기 중반 C. P. 스노우는
이를 "두 문화" 사이의 대립이라고 칭하기도 했다. 두 분야 사이의 관계
에서 느껴지는 긴장감과 불편함은 오늘날까지도 이어진다. 예를 들어
많은 인문학 연구자들은 토마스 쿤의 『과학혁명의 구조』를 환영할 만한
일로 반기고 자신들이 옳았다고 안도했다. 그들에 따르면 쿤이 보여 준
것은 과학에 특별한 지적 지위란 없고 과학은 단지 우리 문화 안에서 또
하나의 "분야 모체"(disciplinary matrix) 또는 지적 공동체에 불과하다
는 것이다. 이러한 논의는 인문학 종사자들이 더 이상 자기 분야의 "과
학적" 토대 여부를 걱정할 필요가 없다는 생각으로 이어진다. 실제로
인문학이야말로 "문화"를 연구 대상으로 하기 때문에 결국 과학의 "정
당화" 또는 "합법화"(legitimation) 문제를 논의할 수 있는 적임자는 과
학자가 아니라 자신들이라는 것이다. 이런 식의 생각이 최근의 "과학전
쟁"에까지 이어졌는데, 여기서 어떤 과학자들은 이제 자신들이 지적으
로나 직업적으로 수세에 몰렸다고 느낀다.

•

"과학적 철학"(scientific philosophy, 독일어로는 wissenschaftliche Philo-
sophie) 개념은 19세기 중반에 처음 나왔는데 칸트 이후의 독일 관념론
이 지나치게 사변적이고 형이상학적인 성격을 띠는 데 대한 반작용으
로 시작된 것이다. 이 지적 운동의 본보기는 1855년 쾨니히스베르크에

서 열린 칸트 기념비 헌정식에서 헤르만 폰 헬름홀츠가 한 유명한 강연 "인간의 시각에 관해서"였다(헬름홀츠는 당시 쾨니히스베르크의 생리학 교수였다). 헬름홀츠는 청중을 대신해 왜 자신과 같은 자연과학자가 철학자를 기리는 연설을 해야 하는지를 물으면서 강연을 시작한다. 헬름홀츠는 이 질문이 생긴 것이 바로 두 분야 사이의 당치도 않은 적대 분위기와 상호불신 때문이라고 한다. 헬름홀츠가 생각하기에 이러한 분위기는 셸링과 헤겔이 자연과학의 성과를 전적으로 무시하고, 때로는 이를 대놓고 경멸하며 사변적인 자연철학(Naturphilosophie) 체계를 쌓아올린 탓이다. 이에 대해 헬름홀츠는 칸트의 작업이 보여 준 두 분야 사이의 긴밀한 협력으로 돌아갈 것을 권한다. 칸트 자신은 (1755년에 제시한 그의 성운 가설에서) 자연과학에 중요한 공헌을 하였고, "자연과학과의 관계에서도 자연과학자들과 똑같은 근본 원리 위에 서 있었다."[2] 이러한 헬름홀츠의 충고는 새로 일어나던 "칸트로 돌아가자!"는 운동에서 열렬히 환영받았다. 모든 형이상학을 "인식론" 또는 "지식론"(Erkenntnistheorie)이라는 새 분야로 갈아치우면 철학 자체가 "과학적"이 되리라는 것이다. 이 운동은 1877년 창간된 새 학술지『계간 과학적 철학』(Vierteljahrsschrift für wissenschaftliche Philosophie)에서 절정에 달했다.[3]

여기서 헬름홀츠, 그리고 그를 좇아 "칸트로 돌아가자!"라는 과학적 철학 운동을 펼친 이들이 19세기 초 자연철학에 퍼부었던 비난은 물론 부당하다. 독일 자연철학은 화학, 전기학, 자기학, 에너지학(energetics)

---

2) Helmholtz(1865/1903, 1권 88쪽)를 보라.
3) 신칸트주의와 "칸트로 돌아가자!" 운동의 전개에 대한 논의는 Köhnke(1986/91)를 보라.

과 같은 당시 핵심 과학 발전에 지적으로 대응하려고 애썼기 때문이다. 또한 1847년 헬름홀츠가 정식화한 에너지 보존을 포함하는 이러한 과학 발전이 자연철학의 영향을 크게 받았다는 주장도 있다.[4] 그런데 지금 우리 관점에서 우선 관심이 가는 것은 넓게는 칸트 이후의 관념론, 좁게는 독일 자연철학에 대놓고 반대했던 새로운 과학적 철학의 본래 성격이다. 여기서 과학에 대한 철학의 관계는 어떠해야 하는가? 철학이 과학적이 된다고 하는 것은 무슨 뜻인가? 철학이 "자연과학과의 관계에서도 자연과학자들과 똑같은 근본 원리 위에 서야 한다"는 것은 정확히 무엇을 권하는 것인가?

　헬름홀츠 자신에게 이것은 철학, 곧 인식론 또는 지식론에 대한 탐구를 당시 최신의 정신생리학(psycho-physiology) 연구와 협력해 진행해야 한다는 뜻이었다. 여기서 우리는 감각 표상의 본성, 그리고 표상과 이에 대응하는 실제 세계의 관계를 묻는다. 이 때문에 그의 1855년 강연 내용의 거의 전부가 시각의 정신생리학에 대한 자신의 연구 보고로 채워져 있는데, 이 연구는 그가 베를린에서 요하네스 뮐러의 학생으로 시작했던 것이다. 인식론 분야에서 헬름홀츠의 가장 완숙한 저술은 1878년의 「지각에서의 사실」인데 여기서 그는 자신의 견해를 분명히 표현한다. 철학은 우리 표상과 외계의 관계를 안에서부터 밖으로 고찰하는 반면, 자연과학인 정신생리학은 똑같은 관계를 밖에서부터 안으로 고찰한다는 것이다. 따라서 철학은 우리의 지식을 정신이나 심리 편에서 고찰하는 반면, 자연과학은 그것을 물리나 생리 편에서 고찰한다.

---

4)　에너지 보존의 발견에 초점을 맞추며 당시 다양한 과학 발전에 영향을 준 자연철학을 논한 Kuhn(1959/77)을 보라.

모든 과학의 시작에 던져진 근본 문제는 지식론의 문제였다. '우리의 직관과 사고에서 무엇이 진리인가? 어떤 의미에서 우리의 표상이 실제에 대응하는가?' 철학과 자연과학은 반대쪽에서 이 문제에 마주친다. 그것은 양자 공통의 과제이다. 철학은 정신 편에서 생각해 지식과 표상에서 물리 세계의 영향으로 생겨난 것을 분리해 내려 한다. 이는 오로지 정신 자체의 활동에 속하는 것을 확립하기 위함이다. 대조적으로 자연과학은 정의, 명칭, 표상 형식, 가설인 것을 분리해 내려 한다. 이는 오로지 실제 세계에 속하는 것을 보존하고 그 법칙을 찾아 내기 위함이다.[5]

그런데 두 과제 모두 당시 심리학과 생리학 연구에서 이루어진 경험적 발견에 전적으로 기대고 있다. 따라서 헬름홀츠에게 철학은 결국 자연 과학인 경험 심리학의 분과이다. 이런 방식으로 헬름홀츠는 철학이 인지심리학에 흡수되어야 한다는, 최근 일각에서 유행하는 생각을 내다 보았던 것이다.

그러므로 헬름홀츠가 칸트의 권위를 빌어 칸트가 구상한 철학과 자연과학 사이의 밀접한 관계로 돌아가야 한다고 권한 것은 다소 문제가 있다. 왜냐하면 칸트 자신은 철학이 특별한 "초월적" 지위를 누리며 이로써 모든 경험과학, 특히 경험심리학과 차별화된다고 주장했기 때문이다. 예를 들어, "초월 철학"의 다른 이름이기도 한 "초월 논리학"으로 이야기를 끌고 가면서 칸트는 "순수 논리학에는 … 경험 원리가 전혀 없고 따라서 심리학에서는 그 무엇도 빌려오지 않으며(어떤 이들은 빌려온다고 가정하지만), 심리학은 지성의 규준에 아무런 영향도 주지 못한다"고 설명한다. 몇 쪽 뒤에 칸트는 다음과 같은 말이 "이후 모든 논

---

5) Hertz and Schlick(1921/77, 111/117-8쪽)를 보라.

의에까지 확장되며 명심해야 할 것"이라고 이야기한다.

> 모든 선험적 인식이 초월적이지는 않다. 단지 어떤 표상(직관 또는 개념)이
> 선험적으로 쓰이며 가능하다는 것, 그리고 그것이 어떻게 그러한지(곧 인
> 식의 가능성과 그 선험적 사용)를 알려 주는 것만이 초월적이다. 따라서 공
> 간이나 공간의 선험적 규정은 초월적 표상이 아니다. 하지만 이들 표상이
> 경험에서 기인하지 않는다는 인식, 그럼에도 경험의 대상과 선험적으로
> 관계 맺을 가능성에 대한 인식은 초월적이라고 할 수 있다. (A56/B80-1)[6]

"초월적" 탐구로서의 철학은 모든 경험과학과 구별될 뿐만 아니라 과학
들 안에 쓰인 기하학과 같이 순수하게 선험적인 지식과도 구별된다. 경
험적이든 선험적이든 일차적인 개별 과학에는 그것만의 탐구 대상이
있는 반면, 이차적인 메타 수준의 학문인 철학에서는 자신만의 대상은
없고 오히려 이 대상에 대한 우리 표상이 무엇이며 어떻게 가능한지에
관심을 갖는다. 철학 고유의 주제는 일차적 대상에 대한 우리의 앎이다.
칸트는 다른 곳(B25)에서 다음처럼 말한다. "나는 대상보다 대상에 대
한 우리의 인식 방식에 관여하는 인식, 그것도 선험적으로 가능한 인식
만을 초월적이라고 부른다."

　실제로 일차적 과학 탐구와 철학만의 "초월적" 탐구 사이의 칸트 식
구분이 오늘날 친숙한 철학과 과학 사이의 지적 분화를 낳은 역사적 원
천이다. 데카르트와 라이프니츠 같은 17세기의 합리주의 철학자들도
물리학 · 자연철학과 형이상학 · 제1철학을 구분하기는 했다. 하지만 그

---

6) 『순수이성비판』에 대한 모든 인용은 초판(A)과 재판(B)의 표준 쪽수와 함께 주어
　진다. 순수 논리학을 말하는 앞의 인용문은 A54/B78에 있다.

것이 형태나 수준이 처음부터 다른 두 탐구 사이의 칸트 식 구분을 뜻하
지는 않았다. 오히려 물리학 · 자연철학이 우주에서 눈에 보이는 물질
부분을 탐구하는 것처럼, 형이상학 · 제1철학은 눈에 보이지 않는 비물
질 부분인 신과 영혼을 탐구한다. 우주의 비가시적 · 비물질적 부분의
구조를 분명히 표현함으로써 제1철학 · 형이상학은 물리학에 합리적 토
대를 마련해 줄 수 있다. 이는 합리주의 철학자들 자신도 중대한 공헌을
한 새 수학적 자연철학의 합리적 토대이다. 가시적 · 비가시적 우주 전
체의 합리적 구조를 밝히는 그들의 지적 작업에서 자연철학과 제1철학
은 완전히 연속적이었다.

　반면 칸트는 이 전통과 단호히 결별한다. 그에게는 비물질적 대상들,
특히 신과 영혼에 대한 이론적이고 합리적인 지식은 우리 인간에게 아
예 불가능하다.[7] 우리 인간에게 가능한 지식의 대상은 오직 "현상", 다
시 말해 수리 자연과학의 인과 법칙에 따라 시공간에서 상호작용하는
물체들이다. 따라서 17세기 합리주의와 같은 형이상학 · 제1철학은 처
음부터 불가능하다. 그런데 이 가망 없는 작업을 대신할 것이 바로 새로
운 "초월" 철학으로, 이는 수리 자연과학이 다루는 시공간의 대상(이제
유일하게 남은 지식의 대상)에 대한 일차적 지식이 어떤 조건 아래 가능한
지를 탐구한다. 이렇게 초감각적 대상에 대한 모든 주장을 포기하고 자
연과학의 지식(대상에 대한 유일한 지식)을 가능케 하는 필수 조건에
관심을 돌리면, 철학 또는 형이상학은 학파 간의 "가상 전투"(mock
combat)를 뒤로하고 "과학의 안전한 길"로 진입할 수 있다.[8] 이렇게 자

---

7)　하지만 칸트는 도덕법칙에 대한 경험에서 초감각적 대상에 대한 실천적 접근은 가
　　능하다고 믿는다. 이것이 그의 유명한 격률, "믿음(Glauben)을 위한 자리를 마련
　　하기 위해 지식(Wissen)을 포기해야만 했다"(Bxxx)의 요점이다.
8)　아래 주 11을 보라.

연과학 지식이 가능하기 위한 조건을 탐구함으로써 철학은 과학에 아주 새로운 의미의 합리적 토대를 놓을 수 있다.

가능성의 조건에 대한 칸트의 새로운 관심은 뉴턴주의가 승리한 시대인 18세기 과학을 배경으로 형성된 것이다. 17세기의 합리주의 철학자들은 기계론 철학을 발전시키고 옹호했으며 이를 널리 퍼뜨렸다. 코페르니쿠스와 갈릴레오가 내세운 멋진 비전은 지구와 천체를 통합하는 수학 법칙으로 모든 자연 현상을 정확히 서술하는 것이었다. 모든 자연 변화를 구성 입자의 운동과 상호 충돌로 되돌리는 원자론 또는 물질의 입자설이 그것이다. 그런데 합리주의자들이 옹호한 기계론 철학은 그저 기획일 뿐이었다. 그러한 통일된 수학적 서술에 근접하는 어떠한 것도 실제로 나오지 않았다. 겨우 뉴턴에 와서야 비로소 이 기획은 첫 발을 내딛게 되었다. 동일한 역학 법칙 (중력과 관련된 법칙) 아래 하늘의 천문학과 지상의 물리학을 종합했던 것이다.

그런데 이 뉴턴에 의한 종합은 심각한 개념상의 문제들을 낳기도 했다. 첫째로 뉴턴이 말하는 중력은 어떤 크기의 빈 공간이라도 가로질러 즉시 작용하는 원거리력이었다. 따라서 모든 작용이 접촉에 의해 일어난다는 기계론 철학의 근본 교의는 깨지고 만다. 원래 기계론 철학은 이러한 종류의 "신비한 성질"(occult quality, 원초적 인력*)을 축출하려 했으나 이제는 이를 받아들여야 하는 것으로 보인다. 아니면 중력을 그저 경험적이고 현상에 국한된 물리로 보아 "진짜 원인"에 대한 모든 탐구를 중단하는 수밖에 없다. 둘째로 뉴턴 물리학의 더 심각한 문제는 뉴턴 자신이 문제가 될 것을 알면서도 의도적으로 이를 절대 공간·시간·운동 개념 위에 세운 것이다. 기계론 철학을 지지한 17세기 합리주의자

---

* [역주]: 더 이상 미시적인 접촉 작용으로 환원되지 않는 원거리력.

들은 이 개념들을 결코 받아들일 수 없었다. 이는 앞서 말한 우주의 눈에 보이는 물질 부분과 보이지 않는 비물질 부분 사이의 첨예한 구분에 기초한다. 절대 공간과 시간은 물질도 아니고 비물질도 아닌, 어중간한 위치에 있는데 이는 허용될 수 없기 때문이다. (바로 이 어중간한 위치 때문에 공간, 시간, 신성 사이의 관계에 관한 옛 수수께끼*가 생긴 것이다.)

18세기에 뉴턴 물리학은 수학을 봐도 경험에 비추어 보아도 완전한 성공이었지만, 개념상의 심각한 문제는 남았다. 곧 눈부시게 성공적인 이론을 합리적으로 이해하는 일이다. 따라서 칸트의 문제는 새로운 수리물리를 기획하는 일이라기보다 오히려 당시 수리물리인 뉴턴의 물리학이 애초에 어떻게 가능한지를 설명하는 일이었다. 그의 답은 간단히 말해 공간, 시간, 운동, 작용, 힘과 같은 개념은 현상의 배후에 있는 존재, 곧 형이상학 영역의 "진짜 원인"에 대한 서술이 아니라는 것이었다. 이들은 경험에서 찾아내 현상에 바로 적용할 수 있는 추상 개념이 아니다. 오히려 공간, 시간, 운동, 작용, 힘과 같은 개념은 선험적 형식이자 우리 자신의 구성물이다. 이것들에 기초해야만 자연 현상에 일관된 질서를 부여하고 자연을 통일된 법칙에 따르는 시공간 전체로 볼 수 있다. 예를 들어 절대 공간은 어떤 형이상학적 존재, 곧 그 안에 담긴 물질과 무관하게 현상 배후에 존재하는 속이 빈 거대한 "용기"가 아니다. 또한 뉴턴 물리학의 성공 때문에라도 절대 공간을 경험에 적용되지 않는 공허한 개념으로 취급해 없애 버릴 수도 없다. 이 개념을 경험에 적용해 절대 정지 좌표계에 대한 근사를 얻기 때문이다. 예를 들어 뉴턴 자신은 『프린키피아』에서 태양계의 질량중심에 대한 최초의 근사를 이렇게 얻

---

*  [역주]: 신성의 편재와 초시간성에 관한 문제.

었다.[9] 그리고 만유인력과 같은 원격작용은 기계론 철학의 제한을 어기면서도 꼭 필요한 개념으로, 아무리 먼 거리에서 발생한 사건이라도 그 시간 순서의 동시성을 경험적으로 확립해 준다.[10]

그러므로 칸트에게 뉴턴 물리학은 현상을 배치하고 예측하기 위한, 그저 유용한 도식만은 아니다. 그것은 자연을 일관되고 합리적으로 이해하기 위한 모범 또는 패러다임이다. 왜냐하면 그것은 우리 자신의 선험적 형식, 구성, 범주를 우리가 경험하는 자연에 주입하기 때문이다. 칸트에게 이 형식은 인간 정신의 보편적 능력을 나타낸다. 칸트는 이런 방식으로만 그러한 경험적 성공이 처음에 어떻게 가능했는지를 합리적으로 설명할 수 있다고 한다. 또한 이런 방식으로 이전까지의 형이상학·제1철학을 마침내 "과학의 안전한 길"로 인도하고, 합의라곤 없는 "암중모색" 또는 "가상 전투" 단계에서 벗어날 수 있다.

그리고 형이상학을 추종하는 이들이 주장하는 합의에 관해 말하자면, 그것은 합의와는 거리가 너무나 먼 싸움터와도 같다. 가상 전투에서 힘만 소진하도록 애초부터 정해진 셈이다. 이 싸움터에서는 아직 어떤 전투원도 한 치의 땅조차 쟁취하지 못했으며, 어떠한 승리도 지속되지 않는다. 그러

---

9) 칸트에게서 이 근삿값 과정은 무한정 나아간다. 태양계의 질량중심에서 우리 은하의 질량중심으로, 그리고 거기서 은하계의 질량중심으로, 거기서 또 그러한 체계들의 체계의 질량중심으로 등등. 절대 공간·시간·운동의 문제에 초점을 맞춘 칸트의 뉴턴 물리학 분석에 대한 논의는 Friedman(1992, 3-4장)을 보라.

10) 칸트의 경험의 유추 세 번째는 동시성이라는 시간 관계를 확립하기 위한 가장 일반적인 조건을 그린다(첫째 및 둘째 유추는 각각 지속과 계기를 다룬다). 『자연과학의 형이상학적 기초』(1786)에서 셋째 유비가 현실화된 예는 뉴턴의 운동 제3법칙인 작용과 반작용의 동등성이다. 만유인력은 이 원리를 더욱 구체화한 것이다. 더 자세한 논의는 Friedman(1992)을 보라. 2부 2절(특히 주 23)과도 비교하라.

므로 형이상학의 수행방식이 이제까지 한낱 암중모색에 불과했으며, 설상 가상으로 순전히 개념 싸움이었다는 것은 의심의 여지가 없다.(Bxiv-v)[11]

다시 말해서 형이상학만의 어떤 특별한 "초자연적" 영역에 대한 주장들을 모두 포기하고 자연과학과 수리과학이 가능하기 위한 필수 조건을 밝히는 데 매진한다면 철학은 이들과 같은 과학은 아니더라도 확고한 성과를 낼 수 있고 마침내 이런 의미의 과학적인 학문이 될 수 있다.

•

이제 헤르만 폰 헬름홀츠 탄생 100주년인 1921년으로 가 보자. 헬름홀츠는 광범위한 과학 분야, 곧 에너지학(energetics), 생리학적 심리학, 기하학 기초론, 전기동역학, 인식론에 걸쳐 놀라운 업적을 남겼다. 이를 기념하기 위해 학술지에 특집호가 실리고, 단행본이 출간되었으며, 다양한 기념 강연도 열렸는데 특히 철학자 모리츠 슐리크는 베를린 대학에서 "인식론자로서의 헬름홀츠"라는 제목의 강연을 했다. 슐리크는 원래 베를린에서 막스 플랑크의 지도 아래 이론 물리학 박사학위를 취득했지만, 얼마 안 있어 철학을 평생 직업으로 하려고 작정했다. 「현대 논리학에서 진리의 본질」에 관한 그의 철학 교수자격 논문은 1910년대 『계간 과학적 철학과 사회학』(*Vierteljahrsschrift für wissenschaftliche Philosophie und Soziologie*, 『계간 과학적 철학』이 1901년 이렇게 바뀌었다)에 발표되었다. 이후 슐리크는 1917년부터 1922년까지 4판에 이른 『현대

---

11) 이 앞부분에서 칸트는 논리학, 수학, 자연과학이 어떻게 "과학의 안전한 길"에 들어섰는지를 이야기하고, 이 뒷부분에서는 형이상학이 어떻게 비슷한 방식으로 ("하나의 갑작스런 혁명에 의해") 이 길에 들어설 수 있을지를 바로 칸트 자신의 혁명적 철학을 통해 설명한다.

물리학의 공간과 시간』으로 아인슈타인 상대론에 대한 제일의 철학적
옹호자이자 해석자가 되었다. 상대론의 철학적 의미에 대한 그의 저작
은 아인슈타인 자신의 열광적 지지를 받았는데, 그 덕택에 슐리크는 비
엔나 대학에서 이전에는 과학자 에른스트 마흐와 루트비히 볼츠만이
맡았던 '귀납적 과학의 철학' 교수직에 임명되었다. 여기서 슐리크는
오늘날 논리실증주의자들의 비엔나 학단으로 알려진 조직의 리더이자
지도 정신이 되었다. 이렇게 보면 슐리크가 최초의 직업적 과학철학자
였다고도 할 수 있다.

　헬름홀츠가 1855년 인간의 시각에 관한 기념 강연에서 자신의 과학
적 철학 개념을 옹호하기 위해 칸트의 권위를 끌어들인 것처럼, 슐리크
는 1921년 기념 강연에서 과학과 철학의 관계에 관한 자신의 개념을 옹
호하기 위해 헬름홀츠의 권위와 그의 1855년 강연을 끌어들였다. 슐리
크에 따르면 모든 위대한 과학자들은 "그들이 관심 가는 문제를 끝까지
생각하며 모든 문제의 끝은 철학에 있다"고 한다. 우리는 특수 과학의
특수한 문제에서 시작해 단계적인 상승을 통해 "이를 수 있는 가장 먼
원리로 나아가는데 … 이는 그 일반성 때문에 더 이상 그 어떤 특수 과
학에도 속하지 않고 오히려 이를 넘어서 과학의 일반 이론, 철학, 지식
론에 놓이게 된다." 예를 들어 물리학은 "공간, 시간, 인과성 같은 궁극
개념과 전제까지 파고들지만 … 이 개념들을 밝히고 정당화하는 것은
철학이다."[12] 그렇다고 철학이 과학과 분리된 학문이라는 뜻은 아니다.
슐리크가 다른 곳에서 밝힌 대로

　　철학은 개별 과학 옆이나 위에 있는 또 하나의 독립된 과학이 아니다. 그

---

12) Schlick(1922/78, 29-30/335쪽).

보다 철학적인 것은 모든 과학 안에서 그 참된 영혼으로 발견되며, 이 덕
분에 어떤 분야가 애초에 과학이 되는 것이다. 모든 특수 분야의 지식, 모
든 특수한 형태의 앎에는 가장 일반적인 원리들이 전제되어 있어서 앎은
그리로 흘러들어 가고 그것 없이는 앎이 아니다. 철학은 다름 아닌 바로
이 원리들의 체계로, 모든 지식 체계로 갈라지고 스며들면서 거기에 안정
성을 부여한다. 따라서 철학은 모든 과학을 내 집으로 한다.[13]

슐리크에게 철학은 심리학과 어떤 특별한 관계가 없다. 헬름홀츠와 달
리 철학은 인간 지각의 심리적·생리적 기제에 특별히 관여하지 않는
것이다. 철학은 오히려 모든 과학 각각의 토대 또는 궁극 원리에 관여하
고, 이로써 모든 특수 과학은 전체 지식 체계 안에서 특정한 위치를 차
지하게 된다. 철학은 특수 과학에 토대와 핵심 체계를 마련해 준다고 할
수 있다. 그것은 (칸트처럼) 메타과학도 아니고 (헬름홀츠처럼) 특정
개별 과학과 연계되지도 않는다.

　그럼에도 슐리크가 특별히 관심을 가진 궁극의 과학 원리는 1921년
강연에서의 지적대로 아인슈타인이 도입한 새 물리학의 원리, 곧 "공
간, 시간, 인과"의 원리이다. 이 원리와 관련해 슐리크가 아인슈타인의
물리학에 대해 하려고 했던 일은 칸트가 뉴턴 물리학에 대해 했던 일이
라고 해도 과언은 아니다. 곧 이 물리학의 특별한 성격을 해명하고 이를
자연에 대한 일관되고 합리적인 지식의 모범 또는 패러다임으로 만드
는 일이다. 그런데 이 새 물리학의 주된 함축은 칸트의 생각, 곧 자연 지
식이 영원히 고정된 인간 정신의 보편 형식 또는 범주로 구성된다는 생
각이 결국 옳지 않다는 것이다. 뉴턴의 공간, 시간, 운동, 상호작용 개념

---

13)『지식의 일반 이론』, 서문, Schlick(1918/85, vii/v쪽).

이 아인슈타인에 의해 거부되고 대체되었기 때문이다. 따라서 이들 기본 원리는 칸트가 부여한 지위를 유지하지 못한다. 그렇다고 에른스트 마흐처럼 물리학이 오직 감각 경험에서만 유도된 추상이라고 말하지도 않는다. 도리어 높은 층위의 고도로 수학적인 제1원리가 물리학에 여전히 필요하다. 이 원리는 자연에 관한 경험이 우리에게 무언가를 가르쳐 주기에 앞서 경험에 주입되어야 하는 원리이다. 이 원리는 칸트와 달리 인간 정신의 선험적으로 고정된 특징을 나타내지 않는다. 오히려 앙리 푸앵카레가 기하학의 철학적 기초에 관한 자신의 저작에서 "규약"이라고 부른 것과 같은 위치를 차지한다. 규약은 우리 자신의 자유로운 선택으로 조잡하고 근사적인 감각 경험과 자연에 대한 정확한 수학적 서술 사이의 줄일 수 없는 간격을 메우기 위한 것이다.

슐리크가 1922년 비엔나 대학으로 옮겼을 때 사정은 위와 같았다. 하지만 비엔나 학단으로 알려진 그룹의 논의는 철학을 모든 특수 과학의 토대에 놓인 핵심으로 보는 슐리크의 초기 견해를 급격히 변모시켰다. 학단의 일차적 사업이 고틀로프 프레게와 버트런드 러셀이 수리논리학에서 새롭게 이룬 성과를 흡수하고 활용하는 것이었기 때문이다. 특히 청년 루트비히 비트겐슈타인이 『논리철학론』(*Tractatus Logico-philosophicus*, 1922)에서 철학적으로 조명하고 해석한 새 논리학의 성과가 문제가 되었다. 이 책에서 슐리크와 학단은 다음의 생각에 마주친다.

> 참인 명제들의 총체는 전체 자연과학(또는 자연과학들의 총체)이다.

> 철학은 자연과학 가운데 하나가 아니다.
> ("철학"이라는 말은 자연과학 위 아니면 아래에 있는 무엇을 뜻하지, 그 옆에 나란히 있는 것을 뜻하지는 않는다.)

> 철학의 목표는 사고를 논리적으로 명료하게 하는 것이다.
>
> 철학은 교설이 아니라 활동이다.
>
> 철학적 작업은 본래 해명으로 이루어진다.
>
> 철학의 결과는 "철학적 명제"가 아니라, 명제가 명료해짐이다.[14]

『논리철학론』에서는 새 수리논리를 제대로 이해하면 유의미한 명제는 참과 거짓을 의미 있게 말할 수 있는 명제로 이는 오직 개별 자연과학의 명제임을 알 수 있다고 한다. 그리고 철학이라는 특별한 분야에 속하는, 분명하게 정식화된 과학의 "궁극 원리"란 없다. 철학이 할 수 있는 전부는 특수 과학 명제의 논리적 형식 또는 구조를 분석하는 일이다. 철학은 자신만의 명제나 "궁극 원리"를 내놓지 않고 단지 이를 논리적으로 명료화하는 행위로, 유의미한 명제를 추가로 밝히거나 정식화하지는 않는다.

　철학을 교설의 체계로 잘못 이해했기 때문에 바로 전통 형이상학에서의 혼란과 터무니없는 생각들이 생겨난 것이다.

> 철학의 올바른 방법은 다음과 같다. 말할 수 있는 것, 다시 말해 철학과 아무 상관이 없는 자연과학의 명제들 외에는 말하지 않고, 다른 이가 형이상학적인 무언가를 말하려고 할 때마다 그가 자신의 명제 안의 기호에다 아무런 의미도 부여하지 못했음을 보여 주는 것이다.[15]

만일 비엔나 학단의 과학적 철학자들이 진정으로 형이상학을 회피하려

---

14) Wittgenstein(1922, §§ 4.111‑4.1112).

15) 같은 책, § 6.53.

했다면, 그들은 철학이 어떤 의미로든 과학이 될 수 있다는 생각 또한 포기해야 했을 것이다. 비트겐슈타인이 생각하기에 철학은 이론적인 학문 분야이기는커녕 (비이론적인) 논리적 분석 활동일 뿐이다.

여기서 비엔나 학단과 그들의 과학적 철학의 이념은 곤경에 처하게 되었다. 이들을 구해 낸 이가 슐리크보다 10년이 젊으며 1926년 비엔나 대학에서 학단에 뛰어든 루돌프 카르납이다. 카르납은 슐리크처럼 대학원에서 이론 물리를 전공했으며 예나 대학에서는 막스 빈 밑에서 공부했는데 여기서 칸트와 신칸트 철학, 그리고 의미심장하게도 고틀로프 프레게 밑에서 새 수리논리학을 공부했다. 박사학위 논문으로 계획한 상대론의 공리적 기초가 물리학 교수들에게는 너무 철학적이어서, 결국 카르납은 물리, 수학, 논리, 철학을 결합하는 학제 간 학위 논문을 썼고 이는 1922년에 출판되었다. 이 학위 논문에서 카르납은 새로운 공간과 기하 개념을 분석했는데, 이 분석은 슐리크가 1917년에 도달했던 결론과도 거의 일치하며 실제로 거기서 많은 영향을 받았다. 특히 카르납이 슐리크에 동의한 부분은 유클리드 기하의 지위가 필연적으로 고정되어 있다는 칸트의 원래 생각이 푸앵카레의 생각으로 바뀌어야 한다는 것이었다. 곧 물리 공간의 기하는 기하학과 물리학을 합친 전체 체계의 단순성에 기초해 자유롭게 선택된 규약을 따른다는 것이다.[16]

비엔나 학단에서 카르납의 독창적인 기여는 수리논리와 관련된다. 직업이 철학자인 구성원 가운데 그만이 이 새 분야에서 빠르게 축적되어 가던 결과를 깊이 이해하고 평가할 수 있었기 때문이다. 특히 1920년대 후반 그는 아마도 20세기 가장 위대한 수학자인 다비드 힐베르트의 프로그램에 깊이 몰두해 메타수학이라는 새 논리학 분야를 창안하려

---

16) Carnap(1922). 이에 대한 논의는 Friedman(1999, 2장)을 보라.

고 했다. 여기서는 논리학과 수학을 순수 형식이자 문장과 증명의 구문 체계로만 본다. 이 새 관점은 그 체계 내의 논리적 관계, 더 정확히는 메타논리적 관계를 조사하는 일에 적용된다. 도출가능성, 정의가능성, 일관성, 완전성과 같은 개념들을 연구하는 것이다. 1934년 『언어의 논리적 구문론』에서 카르납은 힐베르트의 방법을 논리학에서 철학 전체로 확장할 것을 역설한다. 과학적 철학은 이제 과학논리(Wissenschaftslogik)로 과학 언어 전체의 논리적 구조와 관계에 대한 메타논리 수준의 탐구이다. 이렇게 하면 카르납이 분명히 주장한 대로 비트겐슈타인이 『논리철학론』에서 "신비하다"고 한 비과학적 철학 개념에 대한 대안이 생긴다. 비트겐슈타인에 따르면 논리 형식이나 구문 자체는 말할 수도 없고 분명히 표현할 수도 없으며, 어떤 유의미한 명제로도 기술되지 않는다. 반면 과학 언어의 논리 구문에 대한 메타논리 수준의 탐구인 과학논리는 그 자체로 완벽히 정확하고 엄밀한, 논리·수학의 명제 체계이다. 철학은 이제 수리논리학의 분과이다.

> 흔히 '특별하다'고 하는 철학적 관점에서 과학의 대상들을 고려한다는 생각은 폐기된다. 대상의 '특별한' 철학적 층위가 이미 이전에 제거된 것과 마찬가지이다. 개별 특수 과학의 문제 이외에 진정한 과학적 문제로 남은 유일한 문제는 과학(그 문장, 개념, 이론)의 논리적 분석에 관한 것이다. 이러한 문제의 복합체를 과학논리(Wissenschaftslogik)라고 부르며 … 철학이라는 얽히고설킨 문제들을 대신하는 것이 과학논리이다. 이러한 생각을 바탕으로 이 새 영역에 "철학"이나 "과학적 철학"이라는 명칭을 사용해야 하는지는 편의상의 문제로 여기서 결정할 일은 아니다.[17]

---

17) Carnap(1934/37, 72절). 카르납은 자기 입장을 비트겐슈타인이 말하는 논리 구문

카르납에게 철학 또는 논리적 분석은 칸트처럼 메타과학이다. 그러나 칸트와는 반대로 철학은 과학의 부분이자 분과이기도 하다. 곧 (경험과학이 아닌) 형식·선험 과학의 분과이다.

이런 식으로 보면 철학 문제의 성격이 아주 새롭게 이해된다. 전통 철학의 논쟁, 예를 들어 외부 세계에 대한 "실재론자"와 "관념론자"의 논쟁은 어느 하나가 옳고 그른 사실에 관한 문제가 아니다. 이를 사실의 문제로 보면 형이상학의 역사가 보여 주는 대로 해결의 가능성이 전혀 없다. 철학의 "교설"은 오히려 제안으로 보아야 한다. 곧 과학의 언어를 이러저러하게 구성하자는 제안이다. 예를 들어 "관념론자"는 과학의 언어를 감각소여(sense-data)나 개별 경험에 기초해 정식화하자고 제안하는 반면, "실재론자"는 물리 개념에 기초해 구성하자고 제안한다. 두 언어 모두 확실히 가능한데, 논리적 구문론 안에서 서로 다른 대안 형식 체계나 공리 체계로 나타낼 수 있기 때문이다. 각각의 언어나 언어틀이 특정 방식으로 공리화되면 나름의 논리적 정당성과 진리 기준을 산출한다. 이 기준은 카르납이 어떤 언어나 언어틀에 상대적인 내적 문제라고 한 것을 규정한다. 반면 어떤 언어나 언어틀을 선택해야 하는가의 문제는 외적 문제이다. 여기서는 정당성이나 진리의 문제는 아예 생기지 않고 다만 이러저러한 목적에 적합한지에 관한 규약과 실용성의 문제만이 남는다.[18]

·

의 표현불가능성과 날카롭게 구분한다. 이 다음 절에서 카르납은 위의 주 14의 비트겐슈타인 생각을 솔직하게 문제 삼는다.

18) 내적 문제와 외적 문제의 구분은 Carnap(1950/56)에서 처음으로 분명해졌지만, 그 기본 생각은 이미 『논리적 구문론』에 분명히 나온다. 이 책에서 이 구분은 수학 기초론의 논리주의, 형식주의, 직관주의 사이의 논쟁에 주로 적용된다. 각 입장은 과학의 언어를 이러저러한 논리적 규칙(배중률이 있는지 없는지와 같은)에 따라

이제 좀 더 앞으로 가 보자. 이번에는 1962년이다. 카르납을 비롯해 논리실증주의 운동을 이끌던 구성원 다수가 1930년대 중후반 나치 정권을 탈출, 미국으로 이주해 정착한 지도 꽤 지났다. (슐리크는 20년대 말과 30년대 초에 미국을 방문한 적이 있지만 비엔나 대학에서 자신의 예전 학생에게 살해되었다.) 하지만 미국의 실용주의와 상식적 경험주의라는 편안한 환경에서 실증주의자들의 혁명 열기는 많이 퇴색했다. 새로운 과학적 철학을 위해 철학 전체를 개혁하려던 전투 활동은 오간 데 없고, 대신 과학철학이라고 하는 새 분야의 존경받는 (그리고 길들여진) 종사자가 되었다. 논리적 분석의 명료함은 눈에 뜨일 만큼 향상되었지만 분야 자체는 1950년대 말과 1960년대 초에 이르러 대체로 지루한 정체기에 이르렀다. 그런데 1962년에 카르납과 미국인 실용주의 철학자 찰스 모리스(많은 실증주의자들을 미국으로 끌어들였던 주동)는 공동편집 하에 『국제 통일과학 백과사전』(1938년 논리실증주의 운동의 공식 총서 시리즈가 되었다)의 신간을 출판하는데, 이 책이 물리학자에서 과학사로 변신한 미국의 한 젊은 학자 토마스 쿤의 『과학혁명의 구조』이다. 당시 카르납이 쿤과 나눈 서신과 카르납의 미출판 초고를 보면 카르납이 쿤의 책에 꽤 열광했음을 알 수 있다.[19]

물론 여기에 상당한 아이러니가 있는 것이 『과학혁명의 구조』는 카르납이 대표하던 논리실증주의 과학철학의 종언을 고하는 책이라고 보통 이야기되기 때문이다. 실로 쿤 자신도 상대론의 혁명적 의미에 대한 실

---

형식화하려는 제안이다. 동시대의 "실재론/관념론" 논쟁도 이렇게 재해석되며 이는 『세계의 논리적 구성』(*Der logische Aufbau der Welt*, 1928)까지 거슬러 올라간다. 자세한 논의는 Friedman(1999, 9장)을 보라.

19) 이 자료에 대한 논의는 (이 자료도 실려 있는) Reisch(1991), Earman(1993)을 보라.

증주의자들의 초기 저작에 대해 무지한(이해할 만한 무지) 상태에서 자신이 "초기 논리실증주의"로 본 견해에 반대해 상대론의 예를 가지고 "과학혁명의 본성과 필요성"에 대한 자기 개념을 옹호했다.[20] 하지만 나는 이러한 역사의 아이러니에 계속 머무르기를 원치 않는다. 대신 지금까지 개관한 철학적 배경을 놓고 쿤의 과학혁명 이론에서 과학적 철학의 이념에 관해 무엇을 배울 수 있을지를 탐구하려 한다. 특히 나는 쿤의 과학혁명 이론을 보완해 철학 분야 안에서 동시에 일어난 발전을 같이 고려하려 한다. 그러면 철학과 과학의 관계에 대해 지금까지 살펴본 모든 생각들이 그리 만족스럽지 못함을 알 수 있다. 물론 이전 생각들 모두 진리의 일부를 포함하고 있고 이를 합치면 더 생산적인 방향으로 나아갈 수는 있겠지만 말이다.

이와 관련해 우선 주목할 점이 있다. 보통 쿤의 책은 내 처음 얘기대로 과학과 다른 지적 문화 사이에 아무런 근본 차이도 없다는 생각을 뒷받침한다고 말하지만, 실제로 그 책은  바로 그러한 근본 차이를 그려내면서 시작한다는 것이다. "정상과학으로의 길"이라는 제목이 붙은 본문의 첫 장에서 쿤은 과학 (더 정확히는 성숙한 과학) 분야가 "전패러다임"(pre-paradigm) 상태에서 어떻게 출현하는지를 그린다. 쿤에 따르면 어떤 분야나 탐구 영역 안에서 여러 경쟁하는 학파들이 하나의 모범 또는 패러다임으로 바뀌면서 과학이 출현한다. 이 패러다임은 이 탐구 분야 안에서 "연구에 대한 확고한 합의"를 마련해 주며, 게임의 규칙에 대한 동의나 합의처럼 그때부터 (적어도 한동안) 그 분야의 모든 종사자

20) 특수상대론과 뉴턴 물리학의 관계에 대한 유명한 논의가 Kuhn(1962/70, 9장)에 나온다. 여기서 쿤은 "초기 논리실증주의와 밀접히 연관된" 견해인 뉴턴 이론이 상대론에서 논리적으로 유도될 수 있다는 생각을 거부한다. (쿤은 내가 거명한 어떤 논리실증주의자도 실제로 인용하지 않는다.)

들의 연구를 제한하는 요소가 된다.[21] 그렇게 일정 정도 지속되는 합의
가 이루어져야만 쿤이 정상과학이라고 하는 활동이 있게 되며, 그러한
기존의 정상과학 상태를 가정해야만 과학혁명이 있게 된다. 과학혁명
은 바로 오랫동안 안정된 하나의 합의가 다른 것으로 대체될 때 일어난
다. 쿤이 생각하기에 수학과 천문학은 고대에 이미 이 정상과학 상태에
도달했다. 수리물리 분야는 16세기와 17세기의 위대한 사건들을 거쳐
뉴턴에서 정점에 이르면서 이 상태에 도달했으며, 화학은 그보다 뒤, 생
물학은 더 뒤에 이 지위를 획득했고, 등등이다. "사회과학의 어느 부분
이 그러한 패러다임을 획득했는지"는 미해결의 문제로 남아 있다고 쿤
은 덧붙인다. 인문학에서는 정상과학에 도달한 적이 없음이 너무 명백
해 덧붙여 이야기할 필요조차 없다. 상호 대립하는 학파들 사이의 부단
한 경쟁이 게임의 규칙이다.

　이제 인문학 가운데서도 철학이라는 특수한 경우를 살펴보고 싶다.
특히 하나의 학문 분야로서 철학이 역사적으로 진화한 방식이 다른 과
학들과 아주 다르면서도 또한 어떻게 과학 발전과 밀접히 연결되는지
를 살펴보고 싶다. 내가 쿤에게서 불행히도 빠져 있다고 보는 부분이 바
로 과학과 비슷한 정도의, 철학에 대한 역사적 취급이다. 실제로 쿤의
책에서 철학은 꽤 비역사적으로, 편협하고 논쟁적인 방식으로 취급된다.
이는 쿤이 등장하기 전까지 다른 이들이 철학을 취급한 방식이기도 하
다.[22]

---

21) 여기와 이 단락의 나머지 부분에 대해서는 Kuhn(1962/70, 2장)을 보라.
22) 이것이 과도하게 드러난 예는 Kuhn(1962/70, 10장, 126쪽)에 있다. "감각 경험은
　　고정되고 중립적인가? 이론은 주어진 자료에 대한 인공의 해석일 뿐인가? 지난 3
　　세기 동안 서양 철학을 지배하다시피 한 인식론적 견해에 따르면 그 답은 즉각 분
　　명한 예! 이다."

철학에서 최대의 성취는 철학의 논제를 누가 어떤 학설로 제시했는
지에 대한 잠정적 합의이다. 이는 잠정적일 뿐만 아니라 어느 정도 제한
된 환경 안에서 일어난다. 예를 들어 1781년『순수이성비판』의 출간과
더불어 칸트는 독일철학의 문제를 설정했다. 그렇다고 이것이 쿤이 의
미하는 패러다임, 곧 모두가 동의하는 단일한 탐구규칙 세트로 정착되
지는 않았다.[23] 오히려 칸트의 초월 철학에 대한 상이한 해석들이 곧바
로 생겨나 서로 다투기에 이른다. 칸트 이후 독일 관념론의 여러 체계에
서 그러한 철학은 새로운 절정에 달해 칸트의 가장 기본적인 원리 몇몇
을 수정할 뿐 아니라 거부하기까지 했다. 이 흐름도 살펴본 대로 복고
운동의 저지를 받는데, 바로 칸트에서 가장 중요하게 보이는 것으로 돌
아가자는 새로운 유형의 "과학적 철학"이다. 그리고 과학적 철학은 다
시 한 번 한쪽으로는 신칸트주의, 그리고 다른 한쪽으로는 논리실증주
의로 쪼개지고 말았다. 이렇게 비교적 제한된 칸트 이후의 독일철학 안
에서조차 하나의 공통 패러다임에 대한 안정된 합의가 이루어진 적은
단 한 번도 없다. 다만 끊임없이 진행되는 사유의 변증, 때로는 쪼개지
고 나뉘며 때로는 잠시나마 합치는 철학적 입장과 학파의 교체만을 목
격할 뿐이다.

하지만 끊임없이 바뀌는 철학 사상의 흐름은 살펴본 대로 쿤이 그리
는 과학 사상의 아주 다른 발전과 거미줄처럼 얽혀 있다. 쿤의 그림에서

23) 여기서 우리는 "패러다임"이라는 말의 유명한 중의성 때문에 생기는 흥미 있는 사
례를 보게 된다. 패러다임은 모범적인 작업 또는 성취일 수도 있고, 어떤 작업 또는
성취를 모범으로 받아들이고 이루어지는 "정상" 연구에 공유된 기준일 수도 있다.
쿤의 말하는 (성숙한) 과학과는 반대로 철학에서는 (더 넓게는 인문학에서는) 보통
전자의 의미에서 "패러다임"이 있지만 후자까지 있는 것은 아니다. (이 점에 관해
서는 마이클 딕슨과의 토론에 빚지고 있다.)

는 학파들이 충돌하는 전패러다임 상태에서 어느 순간 한 연구 패러다임에 대한 보편적 합의가 이루어진다. 이후 상당한 시간 동안 안정적으로 지속되는 정상과학 상태는 변칙 사례의 축적을 거쳐 과학혁명에 의해 중단된다. 여기서 다시 안정된 패러다임으로의 전환이 비교적 급속히 이루어져 정상과학의 상태로 되돌아간다. 예를 들어 데카르트는 입자론과 접촉 작용에 기초해 기계론 자연철학을 물리학의 새 패러다임으로 설정했다. 이와 동시에 데카르트는 스콜라 철학이 서양 사상에 남긴 철학적 개념과 원리의 광범위한 체계를 일거에 수정하고 재편함으로써 근대철학의 문제를 설정했다. 기계론 자연철학이라는 물리학의 패러다임이 뉴턴에 의해 급격히 변화한 이후 칸트는 지식을 과감히 뿌리부터 새롭게 재편해야 한다고 느꼈다. 이로써 철학이라는 분야가 최초로 과학과 뚜렷이 분리되었다. 뉴턴이 창안한 수리물리의 새 패러다임이 가능하기 위한 필수 조건을 설명하기 위한 "초월적" 탐구가 된 것이다. 19세기의 사상가들, 예를 들어 헬름홀츠나 푸앵카레는 칸트의 개념인 가능성의 필수 조건이 너무 제한적이라고 보고, 당시 뉴턴 패러다임을 위협하던 문제들에 대응해 새로운 유형의 과학적 철학을 펼치려고 노력했다. 이러한 노력은 아인슈타인이 정식화한 상대론에 이르러 마침내 공간, 시간, 운동, 상호작용을 연구하는 하나의 새로운 물리학 패러다임을 탄생시켰다. 이 새 패러다임은 또한 논리실증주의의 철학으로 이어졌으며 이후로도 그런 식이었다.[24]

실제로 여기서 더 나아갈 수 있다. 과학혁명 시기에 과학 안에서의 전이(새 패러다임으로의 전이)는 동시에 다른 차원에서 일어나는 철학

---

24) 이 주요 사례들은 나머지 강의에서 더 논의될 것이다. 2부는 상대론의 배경이 된 19세기 철학에 대한 자세한 논의를 포함한다.

의 발전 없이는 아예 생각조차 하기 힘들다. 정상과학은 어떤 탐구 영역에서 규범과 기준, 게임의 규칙을 제시하며 널리 합의된 틀 안에서의 작업이다. 이러한 기준들은 정상과학 안에서는 문제시되지 않는다. 오히려 이들은 주어진 것으로 정상과학의 문제풀이 활동을 처음으로 가능하게 한다. (카르납의 용어로 하면 언어틀의 규칙을 구성하며, 이 틀이 내적 문제를 규정한다.) 반대로 심오한 혁명적 변화의 시기에 문제가 되는 것이 바로 그러한 이전에 합의된 기준들이다. 새 패러다임으로의 전환을 촉발하고 지탱하기 위해 필요한 기준이 더 이상 없는 것이다. (카르납의 용어로 하면 여기서는 한 언어틀의 규칙을 상이한 규칙들로 대체하는 외부 문제에 맞닥뜨린다.)[25] 따라서 이런 전환 과정에서는 더 이상 순전히 과학적인 문제풀이를 하고 있지 않다. 더 이상 정상과학 안에서만 작업하지 않는 것이다. 그리고 바로 이곳에서 고유한 철학적 사유가 개입한다. 내 생각에는 바로 이것이 쿤의 그림에 여전히 추가해야 하는 부분이다.

예를 들어 17세기 과학 사상가들이 기계론 자연철학을 채택하게 된 동기는 단지 그것이 수학적으로나 경험적으로 성공을 거두었기 때문만은 아니다. 위에서 말한 대로 이 새 지적 운동의 범위는 성공과는 거리가 먼 부분까지 포괄하기 때문이다. 이것이 목표로 한 것은 다름 아닌 모든 자연 현상을 정확한 수학으로 기술하는 것이었고, 이는 물질에 관한 원자론이나 입자론으로 달성되어야 했다. 하지만 그러한 원자론으로의 환원에 근접한 그 무엇도 19세기 말과 20세기 초까지는 실제로 이

---

25) 위의 주 18과 비교하라. 바로 이러한 유사점 때문에 카르납이 쿤의 작업에 열광했던 것이다(위의 주 19). (이것은 또한 "초기 논리실증주의자들"이 상대론을 실제로 흡수한 방식과도 밀접히 관련된다. 아래 주 37을 보라.)

루어지지 못했다. 그리고 그것이 이루어졌을 때는 그때까지는 전혀 생각지도 못한, 아주 새로운 수학과 물리 개념에 의해서였다.[26] 하지만 17세기에 새 물리학의 패러다임은 거의 기획뿐인 상태에 머물러 있었다. 첫 50년 동안 이 새 패러다임을 이끌고 유지한 것은 수학적이고 경험적인 성공이라기보다 고원한 철학적 전망이었다. 데카르트나 갈릴레오는 중세 후기의 스콜라 철학이라는 배경을 놓고 자연 이해의 새로운 지평을 의식적으로 열려 했다. 다른 예로 아인슈타인이 이룩한 상대론의 혁명에서도 수학이나 경험에 기초한 고려는 확실히 보조적인 노릇만을 했다. 1905년 아인슈타인이 특수상대론을 처음 정식화했을 때에는 이미 완성된 경쟁 이론인 로렌츠 · 피츠제럴드의 "에테르" 이론이 그 자리에 있었고, 수학적으로나 경험적으로 아인슈타인 이론과 중요한 점에서 동등했다. 아인슈타인의 위대한 혁신은 오히려 개념에 관한 것이었다. 말하자면 지적 가능성의 공간 안에서 새로운 요소, 곧 시간과 동시성 개념이 상대적일 수 있다는 가능성을 깨달은 것이다. 이러한 깨달음을 촉발하고 지탱한 철학적 이해는 19세기 기하학의 철학에서 칸트주의와 경험주의의 논쟁을 배경으로 나온 것이었다. 앙리 푸앵카레는 (아인슈타인이 당시 열심히 읽던 푸앵카레는 로렌츠 전기동역학의 기초에도 깊숙이 관여했다) 이성이나 경험이 우리에게 하나의 기하를 강요하는 것이 아니라 우리 자신의 규약에 따라 이를 자유롭게 선택할 수 있다고 보았다. 아인슈타인은 특수상대론에서 푸앵카레의 이 통찰을 시간과 동시성 개념에 적용했던 것이다.[27]

---

26) 원자론을 실제로 적용하기 위해 필요한 개념이 바로 상대론과 양자역학의 개념으로 밝혀진다. 2부 5절, 특히 주 66과 비교하라.

27) 1905년에 아인슈타인이 푸앵카레를 읽은 얘기는 Miller(1981, 2장)를 보라. 이 예는 아래 2부 4절에서 더 논의된다.

만일 과학이 혁명을 거쳐 계속 진보하려면, 그 자체로는 과학이 아닌 새로운 생각들, 대안적인 기획, 확장된 가능성을 필요로 한다. 이들은 과학처럼 어떤 당연시된 규칙이나 대체로 합의된 틀 안에서 작동하지 않는다. 왜냐하면 여기서 필요한 것이 바로 새 틀이나 패러다임을 창조하고 활성화하는 일이기 때문이다. 자연을 일관되고 합리적으로 이해한다는 것이 무엇인지를 새롭게 보기 위한 메타틀(meta-framework) 또는 메타패러다임도 필요하다. 그래야 새로운 일차 과학 패러다임으로 넘어가도록 과학자들을 자극하고 북돋울 수 있다. 철학은 과학과의 밀접한 관련을 통해 바로 이런 방식으로 기능해 온 것이다. (논점을 약간만 수정하면 다른 인문학도 이렇게 기능하리라고 본다.)[28]

이렇게 보면 철학자들이 철학을 과학에(예를 들어 심리학이나 수리논리학의 분과로) 편입시키려는 노력은 어리석다고 할 수 있다. 철학의 고유한 기능이 바로 메타과학 수준에서 새로운 가능성을 밝히고 활성화하는 것이기 때문이다. 이러한 기능을 완전히 포기하지 않는 한 정상 과학의 지위를 떠맡을 수는 없는 노릇이다. 같은 이유로 철학이 "과학적"이 되고자 하는 것도 어리석다. 대립 학파 간의 옛 다툼을 마침내 뒤로하고 모두가 동의하는 탐구의 규칙에 대한 안정된 합의를 이끌어 낼 수는 없기 때문이다. 혁명 과학의 어느 한 순간에는 어떤 새 패러다임(그리고 철학적 메타패러다임)이 필요하게 될지 미리 알지 못한다. 따라서 철학에서는 (그리고 논점을 약간만 수정하면 다른 인문학에서도) 천 개의 꽃이 만발하도록 내버려 두는 것이 항상 유리하다. 마지막으로 철학이 (그리고 다른 인문학이) 자신의 과학적 지위 상실을 후회해도

---

28) 예를 들어 르네상스 원근법의 발전과 (17세기) 과학혁명의 관계에 관한 아주 흥미로운 제안은 Edgerton(1991)을 보라.

어리석고, 보상심리 때문에 과학에서 과학의 지위를 벗겨 내려는 시도
는 더 나쁘다. 오히려 우리는 과학자들과 함께 인간 지식의 끊임없는 변
증 과정에 과학과 아주 다르면서도 이를 보완하는 기여를 한다는 사실
에 기뻐해야 한다.

# II. 지식의 계층화에 관한 역사적 조망

강의 I에서 우리는 칸트의 "초월 철학"이라는 이념이 철학과 특수 과학이 갈라지게 된 역사적 연원이며 이 분화가 근대에 널리 퍼져 있음에 주목했다. 칸트에게 철학은 더 이상 그것만의 일차적 주제나 대상을 가지지 않는다. 예를 들어 우주의 비가시적 · 비물질적 부분, 신과 영혼은 철학의 주제가 아니다. 오히려 철학은 이차적인 메타 수준에서 일차적 과학 지식이 가능하기 위한 조건이라고 하는 것을 밝혀내는 일을 한다. 칸트가 주로 염두에 둔 일차 과학 지식이란 살펴본 대로 뉴턴의 수리물리와 천문학으로, 이는 18세기 내내 자연 지식의 패러다임에 해당했다. 이에 따라 칸트는 자신의 "초월적" 탐구의 문제로 "순수 수학이 어떻게 가능한가?"와 "순수 자연과학이 어떻게 가능한가?"라는 두 가지 질문을 던졌다. 전자는 무엇보다 유클리드 기하(이는 물론 뉴턴 물리학에서 물리 공간의 기하이다)의 가능성을 묻고, 후자는 뉴턴 역학의 근본 법칙인 질량 보존, 관성, 작용과 반작용의 동등성의 가능성을 묻는다.

순수 수학과 순수 자연과학의 가능성에 대한 이 두 문제는 칸트가 "순수 이성 일반의 문제"라고 한 "선험적 종합 판단이 어떻게 가능한가?"라는 문제를 둘로 구체화한 것이다.[29] 칸트가 생각하기에 이 문제

---

29) 이 "순수 이성 일반의 문제"는 더 구체화된 두 가지 문제와 더불어 『순수이성비판』 서문의 VI절, B19-24에서 정식화된다. "순수 수학이 어떻게 가능한가?"와 "순수 자연과학이 어떻게 가능한가?", 그리고 "과학으로서의 형이상학이 어떻게 가능한

는 데이비드 흄이 우리에게 남긴 문제이다. 흄은 이전의 합리주의(데카르트나 라이프니츠)에 반대해 논리적이고 분석적인 판단(흄의 용어로 "관념들의 관계")으로는 경험할 수 있는 시공 세계에 대한 어떠한 실질적인 지식도 얻지 못한다고 처음으로 역설했다. 실제로 성립하는 어떤 시공 관계를 부정해도 단적으로 자기모순은 아니기 때문이다. (흄은 주로 인과 관계를 염두에 두었다.) 하지만 칸트는 그러한 관계에 대한 합리적이고 선험적인 지식에 회의를 품은 흄을 따를 수는 없었다. 왜냐하면 칸트는 뉴턴 물리학의 특정 기초 가운데서도 유클리드 기하와 역학의 근본 법칙은 명백히 특별한 선험적 지위를 누린다고 보았기 때문이다.[30] 뉴턴 물리학의 이 부분은 우리의 자연 경험에서 귀납과 외삽(外

가?'라는 세 가지 문제에서 절정에 달하는 V절과 VI절은 『순수이성비판』의 1787년 재판에 추가된 부분이다. 이는 1781년의 초판을 해명하기 위해 1783년에 쓴 『미래의 모든 형이상학을 위한 서설』의 구조를 따르고 있다. 순수 이성 일반의 문제를 이렇게 제시하는 것도 『자연과학의 형이상학적 기초』(1786)에서 보이는 순수 자연과학의 문제에 대한 칸트의 점증하는 관심을 반영하는 것이다. 순수 자연과학에 대한 칸트의 이론과 함께 그것과 뉴턴 물리학과의 관계를 자세히 논한 Friedman(1992, 특히 3장과 4장)을 보라.

30) 순수 수학과 순수 자연과학의 가능성에 대한 두 가지 문제를 끌어들인 칸트는 이렇게 말한다(B20). "이 과학들은 실제로 존재하므로, 그것이 어떻게 가능한지를 물을 수 있겠다. 그것이 실제로 있다면 당연히 가능해야만 하는 것이다." 이에 대한 칸트 자신의 주석이 이어진다. "순수 자연과학에 관해서는 이것이 의심되기도 한다. 하지만 원래 (경험) 물리학의 처음에 나오는 여러 원리인 물질량 불변, 관성, 작용과 반작용의 동등성과 같은 원리를 살펴보면 이들이 순수 (합리적) 물리를 구성함을 확신하게 된다. 이 분야 전체는 그 범위가 좁든 넓든 간에 독립된 과학으로 따로 세울 만한 가치가 있다." 이 구절 바로 전에 칸트는 인과 원리에 대한 흄의 회의적 태도를 명시적으로 밝힌다. "흄이 만약 우리 문제를 [충분히] 폭넓게 고려했더라면 이러한 [회의적] 주장에 빠지지 않았을 것이다. 순수 수학은 선험적 종합 명제를 포함하는데, 그의 논변대로라면 이러한 순수 수학은 불가능할 것이기 때문이다. 만일 흄이 이를 깨달았더라면 그의 뛰어난 지성은 결코 회의적 결론에 빠지지 않았을 것

挿)을 거쳐 경험적으로 도출되는 것이 아니다. 오히려 그러한 귀납과 외삽(예를 들어 "현상"에서 만유인력 법칙을 이끌어 낸 뉴턴의 논증)이 가능한 것은 기하학과 역학의 더 근본적인 법칙이 전제되어 있기 때문이다(예를 들어 만유인력에서 정점에 이르는 뉴턴의 논증은 기하학과 역학 없이는 시작될 수조차 없다). 따라서 순수 이성 일반의 문제는 이제 풀린다. 칸트에게 선험적 종합 지식(대표적으로 기하학과 역학)은 흄이 생각한 것처럼 단순한 논리적·분석적 참은 아니지만 그럼에도 모든 경험 지식이 가능하기 위한 전제 조건이다.

　18세기에 벌어진 흄과의 철학적 논쟁에서 칸트가 우위에 있음을 인정해야 한다고 믿는다. 당시 맥락에서 유클리드 기하와 뉴턴 역학에 대한 대안은 생각조차 할 수 없기 때문이다. 18세기에 경험·자연과학을 탐구하고자 한다면 칸트의 날카로운 논변대로 유클리드 기하와 역학 법칙이 주어졌다고 전제하는 수밖에 없다. 그런 다음에 이에 기초해 만유인력 법칙과 같은 경험적 자연법칙을 자세히 밝히는 것이다.[31] 이 점에서 흄도 다른 이들과 마찬가지로 만유인력을 자연과학의 패러다임으로 취급한다. 하지만 흄의 논의에서 그려진 경험적 탐구의 무미건조한 상을 가지고는 뉴턴의 실제 논변을 올바로 나타내지 못한다. 특히 중력 법칙이 절대적으로 엄밀한 보편성을 가지고 성립한다는 놀라운 결론을 설명할 수 없다(예를 들어 이 순간에 내 손가락 끝과 명왕성 사이에는 순간적인 중력 상호작용이 있다). 이와는 대조적으로 칸트는 내가 강의 I에서 말한 대로 뉴턴의 논변을 깊고 날카롭게 파헤친다. 그는 특히 절

---

이다." B127-8에서 로크와 흄에 대한 언급과 비교하라.

31) 잘 아는 대로 흄은 『탐구』(*Enquiry*), IV절, 2부에서 역학 법칙의 선험성을 부정한다. 심지어 『인성론』(*Treatise*) 1권, 2부, IV절, III항에서는 회의적 결론을 기하학 부분까지 확장한다(위의 주 30에서 표현된 칸트의 자신만만한 예상과는 반대로).

대 공간이나 원거리 작용과 같은 개념을 둘러싼 근본 난점을 해명하고 있다.

그런데 19세기 초에 칸트의 선험 지식 개념에 대한 중대한 도전이 예기치 못한 방향에서 진행되었다. 바로 고전 유클리드 체계와 뿌리부터 다른 대안 기하들의 발전이다. 만일 이 비유클리드 기하들 가운데 하나가 물리적 공간에 대해 참이라면, 유클리드 기하는 선험적 종합 진리이기는커녕 사실상의 참도 아니게 된다. 설령 물리 공간이 실제로 유클리드 공간이라고 해도 여전히 문제가 남는다. 곧 비유클리드 대안 기하가 아닌, 유클리드 기하가 실제로 참임을 우리가 어떻게 아는지를 설명하는 전혀 새로운 문제이다. 마지막으로 한눈에도 유클리드 공간이 아닌 공간을 상상하는 데 성공했으므로, 유클리드 기하가 인간 정신의 근본 능력(칸트가 공간의 순수 직관이라고 한 것)으로 내장되어 있다는 칸트 생각은 그냥 틀린 것 같다.

칸트의 선험적 종합에 대한 이러한 도전은 19세기의 과학적 철학자들, 특히 헤르만 폰 헬름홀츠와 앙리 푸앵카레의 사상에서 두드러진다. 그리고 강의 I에서 살핀 대로 20세기 초 아인슈타인이 발전시킨 상대론의 기초가 된 것도 이 19세기 사상가들의 작업이었다. 상대론에서는 비유클리드 기하와 비뉴턴 역학이 우리의 자연 경험에 실제로 적용되며, 특히 중력은 아주 새롭게 개념화되어 더 이상 순간적인 원거리 작용으로 나타나지 않는다. 아인슈타인의 새로운 중력 이론인 일반상대론에서는 공간(더 정확히는 시공간) 곡률이 중력을 대신한다. 물체는 중력 작용 때문에 (유클리드 공간의) 직선을 벗어난다기보다, 새로운 유형의 비유클리드 기하에서 직선에 가장 가까운 측지선(geodesics)을 따르는 것이다. 따라서 이 이론에 따르면 유클리드 기하는 물리 공간(예를 들어 태양계 공간)에서 실제로 성립하지 않는다.

그렇다면 칸트의 선험적 지식 개념은 어떤 운명을 맞이하는가? 우리 시대에는 과학 지식에 선험적 요소라고는 없다고 주장하는 일이 비일비재하다. 그러한 주장도 바로 지금까지 살펴본 19세기와 20세기 초에 이루어진 기하학 기초론과 수리물리의 발전에 근거한다. 만일 한때 합리적이고 선험적인 자연 지식의 모범이었던 유클리드 기하가 경험적으로 수정될 수 있다면, 원리상 모든 것이 경험적으로 수정가능하다고 그 주장은 이어진다. 이러저러한 기하나 역학 체계(더 일반적으로는 수학이나 논리학 체계)를 채택하는 이유도 경험에 의한 것으로, 자연에 대한 경험 이론을 뒷받침하는 경험과 별다르지 않다. W. V. 콰인의 유명한 비유대로 우리의 지식 체계는 서로 연결된 믿음 전체의 그물망이며, 경험 또는 감각 입력은 오직 그물망 외곽에만 자극을 준다. 우리의 전체 믿음 체계와 충돌하는 "완고한 경험"에 직면했을 때 우리는 체계의 어느 곳을 수정할지 선택할 수 있다. 이것이 체계의 외곽에 꽤 가까운 곳에서 이루어질 수도 있다(그러면 자연과학에서도 꽤 낮은 수준의 믿음에 변화를 가하는 것이다). 그 충돌이 특히 심각하고 지속적이라면 믿음체계의 중심에 수정을 가할 수도 있다. 논리학과 수학의 진리를 포함하는 과학의 가장 추상적이고 일반적인 부분을 건드리는 것이다. 분명히 체계의 중심에 있는 높은 수준의 믿음은 비교적 고착되어 있다. 이것은 우리가 그러한 믿음을 수정하거나 포기하기를 비교적 꺼린다는 뜻이다(예를 들어 유클리드 기하의 경우가 그러하다). 그럼에도 핵심은 경험에 비추어 영원히 "수정이 불가능한" 믿음은 없다는 것이다.

우리 지식이나 믿음 전체는, 아주 사소한 지리나 역사 문제부터 원자물리, 순수 수학과 논리의 심오한 법칙에 이르기까지 인간이 만든 직물로 그 언저리에서만 경험에 부딪친다. 다른 비유를 들자면 전체 과학은 힘의 마당

(field of force)으로 그 경계 조건이 경험이다. 외곽에서 일어나는 경험과의
충돌은 마당 내부의 재조정을 가져온다. … 하지만 전체 마당은 경계 조건
인 경험에 의해 과소결정된다(underdetermined). 어떤 하나의 반대되는 경
험이 있을 때 어떤 명제를 재평가해야 하는지에 대해서는 상당한 선택의
폭이 있는 것이다. …

　이 견해가 옳다면 … 경험에 근거해 우연히 성립하는 종합 명제와, 무슨
일이 일어나든 성립하는 분석 명제 사이의 경계를 찾는 것은 어리석은 일
이 된다. 무슨 일이 일어나도, 체계의 다른 곳을 철저히 바꾸면 어떤 명제
든지 참으로 유지할 수 있다. 완고한 경험과 충돌하는 외곽에서 아주 가까
운 명제조차도 환각 탓으로 돌리거나 논리 법칙으로 알려진 명제를 수정
하면 참으로 유지할 수 있다. 역으로 말해 이런 상황에서 수정이 불가능한
명제는 없다. 양자역학을 단순화하기 위한 방편으로 논리 법칙인 배중률
을 수정하려는 제안마저 이루어졌다. 논리 법칙의 수정이 케플러가 프톨
레마이오스를, 아인슈타인이 뉴턴을, 다윈이 아리스토텔레스를 대체한
변화와 원리상 무슨 차이가 있겠는가?[32]

마지막 문장에서 드러나듯이, 과학 지식에서의 혁명적 변천 사례, 특히
기하학과 역학에서의 아인슈타인 혁명이 콰인의 견해에 중요한 자극제
였다.
　하지만 과학적 지식에 대한 이런 강한 반선험주의는 19세기 말이나
20세기 초에는 결코 널리 퍼지지 않았다. 이 시기는 아인슈타인의 이름
으로 널리 알려진 기하학과 역학에서의 위대한 혁명이 실제로 일어나
던 시기였다. 예를 들어 헬름홀츠의 경우에는 그가 유클리드 기하와 비

---

32) Quine(1951/53, 42-3쪽) 6절 "도그마 없는 경험주의"의 첫 두 문단에서 인용.

유클리드 기하 사이의 선택을 경험적 문제로 여긴 것이 맞다. 하지만 그
는 또한 유클리드와 비유클리드 체계 모두에 공통인 더 일반적인 공간
구조(헬름홀츠가 "자유 이동"이라고 한 곡률이 일정한 구조)는 모든 공
간 측정과 관련된 필연적 전제라고 하면서, 칸트의 말대로 우리 공간 직
관의 "초월적" 형식이라고 했다. 그리고 어느 정도는 이런 기초에서 푸
앵카레는 더 멀리 나아갔다. 비록 유클리드나 비유클리드 기하 같은 특
정 기하가 우리 공간 직관의 선험적 조건은 아니지만, 그렇다고 한 기하
의 선택이 경험적이라고 할 수는 없다. 우리의 조잡하고 근사적인 감각
경험과 자연의 정확한 수학적 기술 사이에는 줄일 수 없는 간극이 있기
때문이다. 따라서 이러저러한 기하학 체계를 확립하려면 우리 자신의
자유로운 선택인 규약이 필요하다고 푸앵카레는 주장한다. 결국 유클
리드 체계가 수학적으로 좀 더 단순하기 때문에 선택된다는 것이다(푸
앵카레는 일반상대론이 창안되기 전에 죽었다).[33]

　과학적 지식에 대한 강한 반선험주의는 아인슈타인의 새 이론을 열
렬히 받아들인 과학적 사상가들에게도 채택되지 않았다. 이 사상가들,
곧 논리경험주의자들은 물론 칸트 식의 선험적 종합은 당연히 거부했
다. 절대로 고정되어 고칠 수 없는 선험 원리가 우리의 기본 인식 능력
안에 내장되어 있다는 생각을 거부한 것이다. 하지만 그들이 택한 것은
전체론적 경험주의가 아니라 푸앵카레 규약주의의 변형이었다. 그러한
규약주의는 강의 I에서 주목한 대로 모리츠 슐리크의 상대론 해석뿐만
아니라 이와 밀접히 관련된 루돌프 카르납의 논의에서도 핵심이었다.
그런데 아마도 논리경험주의자들이 새롭게 바라본 선험 원리를 가장

33) 헬름홀츠와 푸앵카레, 그리고 그들과 칸트 및 논리경험주의의 관계에 대한 자세한
　논의는 Friedman(1999, 4장), (1997b), (2000a)을 보라.

분명히 표현한 것은 1920년에 출판된 한스 라이헨바흐의 첫 저서 『상대
론과 선험적 지식』일 것이다.[34] 라이헨바흐는 칸트의 선험에서 두 가지
의미를 구별해 낸다. 하나는 필연적이며 고칠 수 없는, 영원히 고정된
것이고, 다른 하나는 "[과학] 지식의 대상 개념을 구성하는" 것이다. 라
이헨바흐는 이 구분에 기초해 상대론의 위대한 교훈이 바로 첫째 의미
를 버리고 둘째 의미를 유지하는 것이라고 주장했다. 상대론은 경험적
인 주장을 하기 위한 필수 전제로서의 선험적 구성 원리를 포함한다. 이
는 뉴턴 물리학에서도 마찬가지였지만 뉴턴 이론의 구성 원리는 아인
슈타인 이론으로 넘어가면서 완전히 바뀌었다. 예를 들어 유클리드 기
하는 뉴턴 물리학 안에서 구성적 선험이지만, 일반상대론에 와서는 (가
능한 모든 곡률값을 가질 수 있는) 무한소 유클리드 기하만이 구성적
선험이다. 그리하여 우리가 이 전통에서 결국 얻은 것은 상대화되고 역
동적인 선험 원리 개념으로, 이 원리는 수학과 물리과학의 발전과 더불
어 변화하고 발전하지만, 그럼에도 그러한 원리에 기반하는 자연에 대
한 경험적 지식을 최초로 가능하게 한다는 점에서 칸트가 말한 특유의
구성 기능을 유지한다고 할 수 있다.[35]

　루돌프 카르납은 1934년 그의 『언어의 논리적 구문론』에서 형식언
어·언어틀의 철학을 처음 개진했고, 이후 콰인과의 논쟁 중에 출판된
1950년의 논문 「경험주의, 의미론, 존재론」에서 이를 재확인했다.[36] 카

---

34) Reichenbach(1920/65). 다음 문장에서 말하는 칸트 식 선험의 두 가지 의미에 대
　　한 구별은 "선험의 두 가지 의미와 칸트의 암묵적 전제"라는 제목의 5장에 나온다.
35) 선험 원리의 구성 기능에 대한 칸트 특유의 생각을 논한 De Pierris(1993)를 보라.
36) 위의 주 18에서 살펴본 대로, 카르납은 언어틀 개념, 내적 문제와 외적 문제 구별을
　　이 논문에서 처음으로 분명히 끌어들였다. Carnap(1950/56, 215쪽, 주 5)은
　　Quine(1948/53)을 언급하면서 "콰인은 이 [내적 문제와 외적 문제 사이의] 구별을
　　인정하지 않는다. 그의 대체적인 생각은 논리적 참과 사실적 참의 구분, 의미의 문

르납의 철학은 논리경험주의자들의 새로운 견해를 가장 발전시켜 표현한 것이다. 카르납에 따르면, "옳음", "타당성", "진리"의 기준은 이러저러한 형식언어·언어틀을 규정하는 논리 규칙이나 원리들에 상대적이다. 예를 들어 고전 논리와 수학의 규칙은 특정 논리연산 또는 언어틀을 결정히는 반면 (배중률이 더 이상 보편타당하지 않은) 직관주의 논리와 수학의 규칙은 다른 틀을 결정한다. "타당성"이나 "옳음"의 기준이 언어틀의 선택에 따라 바뀌기 때문에 어떤 선택 자체가 "타당하거나" "옳은지"에 대한 질문은 의미가 없다. 이러한 개념들이 애초에 잘 정의되기 위해 필요한 논리 규칙이 아직 주어지지 않았기 때문이다. 그러한 규칙은 (언어틀의 선택에 따라 바뀌는) "타당성"과 "옳음"의 개념을 구성하고, 이런 의미에서 경험적이기보다 선험적이다.

이 카르납의 언어틀 철학은 두 개의 관련 구분에 기대고 있다. 하나는 어떤 언어틀의 형식·분석 명제와 경험·종합 명제 사이의 구분이다. 『논리적 구문론』에서 언어틀의 논리 규칙(L-규칙)과 물리 규칙(P-규칙) 사이의 구분이 이것이다. 논리 규칙은 논리와 수학 법칙을 (공간의 곡률이 일정하다면 기하 법칙까지도) 포함하는 반면, 물리 규칙은 맥스웰 전자기 방정식과 같이 보통 경험 법칙이라고 하는 것을 포함한다. 이렇게 카르납의 논리 규칙과 물리 규칙 구분은 라이헨바흐의 1920년 구분과 아주 비슷하다. 라이헨바흐는 상대론과 선험적 지식에 관한 이 책에서 "조율 공리"(구성 원리)와 "연결 공리"(경험 법칙)를 구분했다.[37]

---

제와 사실의 문제의 구분, 언어 구조를 받아들이는 것과 언어에서 형성된 언명을 받아들이는 것 사이의 구분이 분명히 이루어지기 힘들다는 것이다"라고 한다. 이 의견 차이를 낳은 직접적인 철학적 배경은 분석성 논쟁이라는 것으로, 카르납과 콰인, 알프레드 타르스키가 참여한 1939-41년 하버드에서의 논의에서 비롯된다. 분석성 논쟁에 관한 논의는 Creath(1990)의 서론을 보라.

카르납이 어떤 한 틀 안에서 말한 논리 규칙과 물리 규칙의 구분은 둘째로 중요한 구분을 낳는데, 이것이 내적 문제와 외적 문제의 구분이다. 내적 문제는 이미 채택된 틀 안에서 그 틀의 논리 규칙에 따라 결정되는 문제이다. 반대로 외적 문제는 바로 어떤 언어틀, 어떤 논리 규칙을 처음 채택할 것인가의 문제이다. 외적 문제는 내적 문제와 달리 어떤 논리 규칙도 주어지지 않기 때문에 같은 방식의 합리적 결정이 불가능하다 (예를 들어 엄밀하게 참 또는 거짓으로 답할 수 없다). 외적 문제는 규약에 의해서만 결정되는데 이러저러한 목적에 적합한 정도를 실용적으로 따져 결정되는 것이다. 예를 들어 모순의 발생을 꺼려해 무엇보다 안전함을 우선시한다면 직관주의 논리와 수학의 약한 규칙들을 선택할 수 있다. 반면 물리학에 쉽게 적용하려면 고전 논리와 수학의 강한 규칙을 선택할 수 있다. (강의 I에서 지적한 대로 카르납은 철학의 옛 문제를 축소하고 해소하기 위해 내적 문제와 외적 문제의 구분을 이용한다. 철학의 옛 문제란 모두 실천적 제안으로 전체 과학의 언어를 이러저러한 언어틀의 규칙에 따라 정식화하자는 것이다. 미리 주어진 어떤 규칙을 가지고 합리적으로 결정할 수 있는 진정한 이론적 문제가 아니다.)

이러한 카르납의 언어틀 철학이 바로 콰인을 돋보이게 한 배경이 된다. 카르납과 반대되는 콰인의 인식론적 전체론에 따르면 선험과 후험, 논리와 사실, 분석과 종합 사이에 어떠한 기본적인 구분도 이루어질 수 없다. 실제로 콰인의 1951년 논문 「경험주의의 두 도그마」(위의 주 32에서 인용)에서 분석과 종합 구분에 대한 그의 공격이 처음 공표되었고, 지식을 믿음의 광대한 그물망으로 보는 전체론의 비유도 여기에 처

---

37) 카르납의 언어틀 철학과 라이헨바흐의 1920년 책 사이의 관계에 대한 논의는 Friedman(1999, 3장)을 보라.

음 등장한다. 여기서 중요한 것은 콰인이 펼친 새 인식론적 전체론의 기초는 분석과 종합 구분에 대한 그의 공격이지, 수정이 불가능한 어떠한 믿음도 없다는 생각은 아니라는 것이다. 카르납의 언어틀 철학 또한 논리 · 분석 원리가 경험 · 종합 원리처럼 경험과학이 발전하면서 수정된다는 생각에 기초하기 때문이다.[38] 살펴본 대로 라이헨바흐가 구성적 선험 원리라는 이 견해를 처음 정식화한 것도 바로 물리 이론의 혁명적 변화 때문으로 아인슈타인의 상대론이 가져온 기하학과 역학의 틀 자체의 변화를 수용하기 위해서였다. 오히려 콰인과 카르납의 차이는 카르납이 언어 또는 언어틀 자체의 변화와 경험 명제의 변화를 계속해서 날카롭게 구분한다는 것이다. 앞의 변화는 "타당성"과 "옳음" 개념을 규정하는 구성 원리의 수정이며, 뒤의 변화는 이미 존재하는 구성틀을 배경으로 정식화된 보통의 경험 명제에서 일어나는 변화이다. 카르납의 이 구분은 결국 관련 용어의 의미에만 의존하는 분석 명제와 경험 세계에 대해 내용 있는 주장을 하는 종합 명제의 차이이다.

카르납의 분석과 종합 구분, 그리고 그의 선험 원리와 경험 원리의 구분에 대한 콰인의 공격은 이제 널리 받아들여지며, 나는 여기서 이 구분에 대한 카르납 특유의 설명 방식을 옹호하고 싶지는 않다. 하지만 과연 콰인의 인식론적 전체론이 유일한 대안인지에 대해서는 의문을 제기하고 싶다. 특히 그러한 인식론적 전체론이 과학의 역사적 발전에서 일어난 혁명적 변화에 근거한다고 하는데, 과연 전체론이 거기에 대한

---

38) 카르납은 『논리적 구문론』의 82절에서 (푸앵카레와 피에르 뒤앙의 생각에 기초해) 이 정도의 인식론적 전체론을 받아들인다. 따라서 콰인이 (위의 주 32에서 참조한 "두 도그마" 6절의 구절에서) 분석성과 수정불가능성을 단순히 동일시한 것은 크나큰 오해이다. 5절(Quine, 1951/53, 41쪽)에서 "환원주의의 도그마"(뒤앙 식 전체론의 부정)가 그 뿌리에서 분석성의 도그마와 같다고 한 것도 마찬가지 오해이다.

최선의 대응인지 묻고 싶다.

콰인의 인식론적 전체론은 과학의 전체 체계를 하나의 광대한 그물
망 또는 믿음의 결속으로 그리며, 이는 "경험이라는 법정"을 하나의 단
체로서 대면한다. 콰인은 어떤 믿음, 예를 들어 논리학과 산술에서의 믿
음은 어느 정도 중심에 있는 반면, 다른 믿음, 이를테면 생물학에서의
믿음은 비교적 외곽에 있음을 인정한다. 그런데 이는 단지 앞의 믿음들
이 외곽의 "완고한 경험"에 비추어 수정되기 힘든 반면 뒤의 믿음은 수
정되기 쉽다는 뜻이다. 이를 제외하고는 인식론적 관점에서 어떤 의미
있는 구분도 없다.

> 실험에서 자연과학의 현행 이론에 반대되는 결과가 나왔다고 하자. 이론
> 은 가설이 결합한 다발이거나 한 다발의 가설들로 분해될 수 있다. 실험은
> 기껏해야 이 가설 중 적어도 하나가 틀렸음을 보여 줄 뿐이다. 어느 것이
> 틀렸는지는 보여 주지 않는다. 관측이나 실험은 특정 가설이 아닌 이론 전
> 체에 대해서만 증거 또는 반대 증거를 낼 수 있다.
>
> 그렇다면 이론의 범위는 어디까지인가? 과학의 어떤 분야도 그 나머지
> 로부터 완전히 분리되어 있지 않다. 아무리 격리된 분야를 골라도 어쨌든
> 논리나 산술 법칙이 포함되어 있으며, 운동하는 물체에 대한 상식 수준의
> 일반화도 포함될 것이다. 법률 용어로 증거는 과학의 전체 체계(아무리 엉
> 성한 체계라도)에 대해서만 유효하다고 주장할 수 있다. 전체 체계를 반박
> 하는 증거는 이러저러한 문장을 반박하는 증거는 아니지만, 여러 조정을
> 통해서는 그렇게 작용할 수 있다.
>
> 예를 들어 어떤 분자생물학자가 한 다스의 이론적 믿음에서 예측을 이
> 끌어 냈더니 그 예측이 틀린 상황을 생각해 보자. 이 과학자는 분자생물학

에 속하는 반 다스의 믿음만을 가능한 수정 대상으로 조사하려 할 것이다. 더 일반적인 논리나 산술, 물체의 거시 운동에 대한 다른 반 다스의 믿음은 건드리지도 않을 것이다. 이는 최소 절단의 원칙처럼 합리적 전략이다. 하지만 결과적으로 예측이 실패할 때 실제로 문제가 되는 이론의 부분은 문제가 될 수도 있었던 부분보다 보통 좁다.[39]

엄밀히 말해 경험 증거(지지하거나 반박하는 증거)는 전체 과학 체계라는 광대한 연언의 요소 곳곳으로 퍼져 나간다. 모든 요소가 동등하게 "경험이라는 법정"을 대면하는 것이다. 정확히 이런 뜻에서 콰인은 논리와 수학의 믿음을 비롯한 모든 믿음이 똑같이 경험적이라고 하는 것이다.

그런데 이 기만적 형태의 인식론적 전체론이 그것을 낳았다고 하는 수학과 자연과학에서의 혁명적 발전들을 과연 제대로 다룰 수나 있을까? 먼저 우리가 아는 수리물리의 시작인 뉴턴 혁명을 생각해 보자. 살펴본 대로 바로 이 혁명이 원래 칸트가 선험적 종합 지식이라는 개념으로 설명하려 의도했던 것이다. 수리물리학을 건설함과 거의 동시에 뉴턴은 세 가지 혁명적인 진보를 이루어 냈다. 새로운 수학인 미적분은 무한한 극한 과정과 순간적인 변화율을 다룬다. 새로운 힘과 물질량 개념은 그의 세 운동 법칙으로 구현되고 요약된다. 그리고 보편 자연법칙인 만유인력의 법칙이 있다. 이 세 가지 진보 각각은 그 자체로 혁명적이었으며, 뉴턴은 이 모두를 하나의 과학 문제를 풀기 위해 끌어들였다. 그 문제란 지구 및 천체 현상 모두에 대해 통일된 설명을 할 수 있는 단일한 수학적 운동 이론을 개발하는 것이었다. 따라서 이 모든 진보를 촉진

39) Quine(1970, 5, 7쪽).

한 것은 결국 같은 경험적 문제였고, 이 지점까지는 콰인의 전체론적 그림이 옳은 것처럼 보인다. 과학적 지식의 그물망 또는 연언의 모든 요소, 곧 수학, 역학, 중력 물리학 모두가 동등하게 "경험이라는 법정"에 함께 직면하는 것처럼 보이는 것이다.

하지만 뉴턴이 종합한 여러 요소는 실제로 아주 비대칭적인 방식으로 기능한다. 예를 들어 미적분과 뉴턴의 역학 형식 사이의 관계를 보자. 뉴턴의 운동 제2법칙에 따르면 (약간은 시대착오적인 형태로) 힘은 질량 곱하기 가속도이며, 여기서 가속도는 속도의 순간변화율이다(속도는 위치의 순간변화율). 여기서 미적분(무한한 극한 과정과 순간적인 변화율의 수학)이 없었더라면 제2법칙은 경험 현상을 기술하기는커녕 정식화되거나 표현될 수도 없었다.[40] 따라서 미적분과 운동 법칙을 더한 조합은 하나의 전체 결과에 대칭적으로 기여한다고 보기 힘들다. 이 조합에서 한 요소인 운동 법칙을 빼 버려도 둘째 요소인 미적분은 그 의미와 진리값을 그대로 유지하기 때문이다. 물론 이 경우 미적분은 연언의 한 요소가 아닌 필수 전제로, 그것 없이는 연언의 나머지 부분에 의미나 진리값이 사라진다. 따라서 뉴턴 이론의 수학 부분은 언어 또는 개념틀의 요소로, 이론의 나머지 부분은 그 안에서만 정식화된다.

뉴턴의 역학과 중력 물리학 사이에도 유사한 (좀 더 복잡 미묘한) 관계가 성립한다. 만유인력의 법칙은 우주의 두 물질 조각 사이에 질량의

---

40) 잘 알려진 대로 뉴턴 자신은 오늘날 우리처럼 제2법칙을 정식화하지 않았다. 우리는 연속적으로 작용하는 힘이 가속도 또는 어떤 (단위) 시간 동안의 운동량 변화를 산출한다고 이야기한다. 반면 뉴턴은 순간적인 "충격력"이 어떤 (유한한) 운동량 변화를 가져온다고 했다. 뉴턴은 이산량인 충격력으로부터 기하학적 극한 과정을 거쳐 연속적으로 작용하는 가속력을 이끌어 낸다. 이에 대한 논의는 Cohen(1999, 5.3 및 5.4절)을 보라.

곱에 비례하고 거리의 제곱에 반비례하는 인력 또는 가까워지려는 힘
이 있다고 말한다. 따라서 두 물질 조각은 가속도 법칙에 따라 서로를
향해 가속된다. 그런데 이 가속도는 어떤 좌표계에 상대적으로 정의되
는가? 만유인력을 가정하면 이 가속도는 보편적이므로 우주의 모든 물
질 조각에 영향을 미친다. 따라서 우주 좌표계에서는 어떤 특정 물체도
실제로 정지해 있다고 볼 수 없고, 따라서 이 가속 운동은 어떤 특정 물
체에 대한 상대 운동이 아니다. 뉴턴 자신은 이 운동을 절대 공간에 대
한 상대 운동으로 이해했지만 이제 우리는 뉴턴의 이론을 다르게 이해
한다. 중력 법칙이 정의되는 선호된 좌표계는 이제 보통 관성계라고 하
는 것으로, 관성좌표계란 바로 뉴턴의 운동 법칙이 성립하는 좌표계이
다(예를 들어 태양계의 질량중심은 근사적으로 관성계에 아주 가깝다).
따라서 뉴턴의 역학 법칙이 없었더라면 만유인력 법칙은 경험 현상을
정확히 설명하기는커녕 경험적 의미조차 가지지 않았을 것이다. 가속
도 정의에 필요한 관련 좌표계가 무엇인지 전혀 모르는 상태에서는 만
유인력 법칙에 포함된 보편 가속도 개념이 경험적 의미나 적용을 가지
지 않기 때문이다.[41] 다시 말해 뉴턴 역학과 중력 물리학은 연언 전체에
서 대칭적으로 기능하는 요소로 보기 힘들다. 역학은 언어나 개념틀에
필수적인 부분이며 그 안에서만 중력이 경험적 의미를 지닌다.

우리 제안은 뉴턴의 수리물리학에 대한 바로 이러한 분석이 선험적

---

41) 이것을 이해하는 한 가지 방법은 뉴턴의 『프린키피아』 이전에 태양계의 코페르니
쿠스 · 케플러 모형과 프톨레마이오스 · 티코 모형 가운데 하나를 선택하던 일을 살
펴보는 것이다. 이때의 두 모형은 운동학적으로 동등한 서술이었으며 선택에 대한
어떠한 역학적 근거도 없었다. 앞의 모형은 태양을 중심으로 성립하고 뒤의 모형은
지구를 중심으로 성립할 뿐이었다. 태양이 지구를 도는 것이 아니라 지구가 태양
주위를 (더 정확히는 태양계의 질량중심을) 돈다는 주장에 의미가 있으려면 뉴턴
의 법칙과 같은 운동에 대한 역학 개념이 필요하다.

종합 지식이라고 하는 칸트 고유의 개념을 낳았다는 것이다. 바로 이러
한 이유에서 칸트는 뉴턴 이론의 수학 영역(이제 보통 유클리드 공간에
서의 미적분이라고 하는 것)과 운동·역학 법칙이, 중력 법칙과 같은
이론의 경험 영역과는 아주 다른 위치에 있다고 보았다. 칸트에게서 전
자는 후자가 가능하기 위한 필수 전제 또는 조건을 이룬다.[42] 더 나아가
칸트 시대에는 뉴턴 체계가 세상에서 유일한 수리물리였으므로 (우리
시대에는 이러한 순진한 상태를 회복하리라 상상하기조차 힘들다) 칸
트는 뉴턴 물리학이 가능하기 위한 필수 조건은 모든 미래 경험과학에
대해서도 절대로 고정된 조건이라고 보았다. 물론 비유클리드 기하와
아인슈타인 상대론의 발전은 칸트의 원래 학설에서 이 두 번째 믿음을
붕괴시켰다. 하지만 그것이 첫 번째 믿음, 곧 과학 이론의 경험 영역이
가능하려면 전제 조건이 꼭 필요하다는 생각도 약화시킬까? 또한 그 발
전이 논리실증주의자들이 내놓은 수정된 개념인 상대화되고 역동적으
로 변해 가는 선험적 구성 원리 개념과도 충돌하며 대신 콰인의 전체론
을 뒷받침할까?

　나는 아니라고 생각한다. 일반상대론은 뉴턴의 옛 중력 이론처럼 세
가지 혁명적인 진보의 결과로 볼 수 있다. 첫째로 새로운 수학 분야, 곧
텐서 미적분과 일반 다양체론(원래 19세기 중후반에 베른하르트 리만
에 의해 발전됨)의 발전이 있었다. 둘째로 아인슈타인의 등가 원리는

---

42) (위의 주 9, 주 10, 주 29에서 참조한 문헌에서) 나는 칸트의 순수 자연과학 이론이
뉴턴의 운동 법칙과 만유인력 법칙의 관계에 대한 분석에 기초한다고 주장했다. 칸
트의 분석은 방금 위에서 제시한 것과 아주 비슷하다. 다만 차이점은 칸트에게 관
성계 개념이 없었다는 것이다. 칸트는 뉴턴의 운동 법칙이 (그가 선험이라고 한 다
른 근본 원리와 함께) 하나의 수렴하는 계열을 규정하며, 이 계열이 모든 물질의 질
량중심인 (절대공간에 대응하는) 하나의 선호된 좌표계에 점점 더 근접한다고 보
았다.

이전까지 뉴턴의 운동 법칙과 결부된 관성 효과를 중력 효과와 동일시
했다. 셋째로 아인슈타인의 중력장 방정식은 시공간 곡률이 물질과 에
너지에 의해 어떻게 변하는지를 말해 준다. 중력의 영향을 받는 물체는
그 영역에서 최대 직선 경로인 시공간 기하의 측지선을 따라 움직인다.
뉴턴의 경우처럼 이 세 가지 진보는 각기 그것만으로도 혁명이었는데
아인슈타인은 이 셋을 종합해 하나의 경험적 문제를 풀려 했다. 이는 특
수상대론(뉴턴 이론의 특징인 순간적인 원거리 작용과 상충)과 일관된
중력에 대한 새로운 서술 방식을 개발하는 문제였다. 또한 수성의 근일
점과 같은 뉴턴 이론의 잘 알려진 변칙 사례도 해결하리라 기대되었다.
실제로 아인슈타인은 세 가지 진보를 한데 모으고 종합하면서 이 문제
를 최초로 해결하는 데 성공했다.

　그러나 문제의 세 가지 진보를 하나의 연언에서 대칭적으로 기능하
는 요소로 보기는 힘들다. 예를 들어 수성의 근일점에 관한 변칙 사례에
서 이들 요소가 "경험이라는 법정"에 동등하게 직면하지는 않는다. 먼
저 앞의 두 가지 진보를 생각해 보자. 등가 원리는 중력의 영향만을 받
는 물체의 시공간 경로를 곡률이 변화하는 시공간 기하에서의 측지선
또는 최단 직선 경로로 묘사한다. 같은 시공간 관점에서 보면 뉴턴의 운
동 법칙도 힘이 작용하지 않는 물체의 경로를 평평한 유클리드 시공간
기하에서의 최단 직선 경로인 측지선으로 그린다.[43] 하지만 변곡률 기
하는 오로지 리만이 당시 창안한 일반 다양체론이라는 수학의 혁명을
놓고서만 의미가 있는 개념이다. 반면 17세기와 18세기 수학의 맥락에

---

43)　이것이 현대의 4차원 관점에서 고전적 관성 법칙을 바라보는 방식이다. 이에 대한
　　논의는 Earman and Friedman(1973), Friedman(1983, III.7절)을 보라. 이 관점
　　은 Stein(1967)에서 처음으로 최근의 철학적 논의에 도입되었다.

서 변곡률 기하는 경험 현상을 서술하기는커녕 그 개념조차 정식화되거나 표명될 수 없었다. 이와 아주 유사하면서도 좀 더 미묘한 논점이 뒤의 두 가지 진보 사이의 관계에서도 성립한다. 아인슈타인의 장방정식은 시공간 기하의 곡률 변화를 질량과 에너지 분포의 함수로서 기술한다. 하지만 경험에 주어진 어떤 현상을 근본적인 기하 개념(여기서는 최대 직선 경로 또는 측지선 개념)의 대응물로 먼저 지정하지 않았다면, 곡률이 변화하는 시공 구조는 경험적 의미도 없고 경험에 적용되지도 않을 것이다. 그런데 등가 원리가 바로 이렇게 대응시키는 일을 한다. 이 원리가 없는 상태에서 아인슈타인의 장방정식이 서술하는 복잡한 시공간 기하는 경험적으로 거짓일 수조차 없으며 경험적 적용이 아예 없는 무의미한 수학 형식일 뿐이다.[44] 뉴턴의 중력 이론도 그러했지만 아인슈타인 이론의 혁명을 이루는 세 가지 진보를 연언에서 대칭적으로 기능하는 요소로 보아서는 안 된다. 앞의 둘은 언어나 개념틀에서 필수적인 부분으로, 그 안에서만 셋째 부분이 수학적으로나 경험적으로 의미가 있다.

두 예에서 내가 과학 이론의 구성적 선험이라고 한 부분을 콰인처럼 과학에서 비교적 고정되고 안쪽에 자리 잡은 요소로 여기는 것은 옳지 않다. 과학 특유의 보수적 경향 때문에 수정하기가 비교적 꺼려지는 (콰인이 위에서 제시한『논리철학』인용문에서 "최소 절단의 원칙"이라고 하는 것을 따르는) 잘 확립된 믿음은 아닌 것이다. 예를 들어 뉴턴이 정식화한 중력 이론에서 이론의 수학 부분인 미적분은 여전히 논란이

---

44) 등가 원리에 대한 이러한 분석은 DiSalle(1995)을 보라. 물리 기하에서 "조율에 의한 정의"가 필요하다고 본 라이헨바흐와의 명쾌한 비교가 이 논문에 포함되어 있다. 이 문제는 아래 2부 1절과 2절에서 자세히 논의할 것이다.

되었다. 실제로 뉴턴은『프린키피아』에서 미적분을 옛 종합 기하*의 모습으로 위장할 정도였다.[45] 뉴턴의 세 운동 법칙 또한 당시에는 만유인력 법칙보다 잘 확립되지 못했다.[46] 마찬가지로 아인슈타인의 일반상대론에서도 다양체론이나 등가 원리가 주류 수학이나 수리물리에서 잘 확립된 부분은 아니었다.[47] 그리고 이것이 사실상 아인슈타인 이론이 그토록 심원한 혁명이었던 주된 이유이기도 하다. 두 경우 모두 수학과 수리물리를 뒤흔든 개념상의 심원한 혁명을 다루고 있으므로 안쪽에 자리 잡아 수정이 어렵다는 것은 혁명을 차별화하는 요소가 못 된다. 오

---

* [역주]: 유클리드의『원론』과 같이 공리적 방법을 쓴 기하.

45) 위의 주 40에서 지적한 대로 뉴턴은 오늘날 우리가 (대수적으로 형식화된) 미적분을 사용하는 곳에서 기하학적 극한 과정을 사용한다. 예를 들어 힘을 운동량의 시간에 대한 변화율로 설정하는 대신 뉴턴은 무수히 많은 순간적인 "충격력"의 극한을 취해 연속적으로 작용하는 힘에 근사시킨다.『프린키피아』의 수학에 대한 아주 자세한 논의는 Guicciardini(1999)를 보라.

46) 뉴턴 자신은 운동 법칙이 이미 널리 받아들여졌다고 묘사한다. 갈릴레오나 호이겐스 같은 선구자들의 업적을 자연스럽게 일반화했다는 것이다. 어떤 점에서 이는 물론 옳다. 실제로 운동 법칙을 운동량 보존 법칙의 일반화로 보는 것이 가장 명쾌하다. 등가속도 운동에 대한 갈릴레오의 논의를 본보기로 해서, 연속적으로 작용하는 힘이 포함되도록 충돌 법칙을 확장하면 되는 것이다. (이 부분은 도메니코 베르톨로니 멜리(D. Bertoloni Meli)와의 토론 덕분이다.) 하지만 뉴턴이 실제로 이 법칙, 특히 작용과 반작용의 제3법칙을 활용하기 위해서는 이를 원거리력에 적용해야만 했다. 당시를 지배하던 기계론 철학은 이 원거리력을 전혀 받아들이지 않았다. 이런 점에서 뉴턴의 운동 법칙은 이전 전통을 과감히 탈바꿈시킨다. 이 문제는 주 40과 주 45에서 논한 수학 문제와도 밀접히 관련된다. Cohen(1999, 5.3절)의 제안대로 뉴턴이 불연속적인 "충격력"을 가지고 시작했던 것도 이렇게 과격한 (연속적인) 원거리력 개념을 기계론 철학자들의 입맛에 맞춰 적용하려 했기 때문이다.

47) 아래 2부(주 12)에서 주목한 대로 리만 기하학은 19세기 말에 해밀턴 역학에 적용되었다. 그러나 리만의 다양체 이론은 아인슈타인의 일반상대론이 나오기 전까지는 순수 수학에서조차 널리 연구되지 못했다.

히려 이들 이론을 확연히 차별화하는 요소는 이론의 특수한 구성적 기능이다. 이 기능 때문에 이론을 정확한 수학으로 정식화하고 경험에 적용할 수 있게 되는 것이다. 이 점에서 논리경험주의자들이 발전시킨 상대화되고 역동적인 선험 개념이 콰인의 전체론보다 개념상의 혁명을 훨씬 잘 설명한다고 할 수 있다. 이것은 그리 놀랍지 않은데 왜냐하면 이 새로운 구성적 선험 개념이 무엇보다 바로 이 개념상의 혁명들에서 촉발된 생각이기 때문이다.

  그렇다면 콰인의 인식론적 전체론을 뒷받침하는 힘은 어디에서 오는가? 이는 순전히 반동일 뿐이라고 말하고 싶다. 곧 구성적 선험 개념을 정확히 구분하려 했던 카르납의 시도에 대한 반동 말이다. 카르납의 형식언어·언어틀 이론은 강의 I에서 살펴본 대로 그가 과학논리라고 한 수리논리 안에서 전개되어야 했다. 이것이 실제로 카르납에게는 철학이 과학적(형식과학 또는 수리과학의 일부로)이 되기 위한 방법이었다. 특히 어떤 형식언어나 언어틀 안에서 논리 규칙과 경험 규칙, 분석 명제와 종합 명제 사이의 기본적인 구분은 그 자체가 순전히 형식적이고 논리적인 구분이어야 했다. 그런데 분석과 종합 구분을 공격한 콰인의 요점은 순전히 형식적이고 논리적인 관점에서 보아 어떤 형식 체계에서 도출되는 모든 문장들은 완벽히 동등한 수준에 있다는 것이다. 따라서 일부 도출되는 문장을 분석 문장으로 보려는 카르납의 시도는 결국 임의로 이름 붙이기에 지나지 않는다.[48] 더 나아가 콰인은 과학적 철학의

---

48) 카르납은 『논리적 구문론』에서 (그가 "일반 구문론"이라 부른 곳에서) 분석성에 대한 폭넓은 정의를 내리려 한다. 이러한 카르납의 시도가 부딪히는 기술적 문제에 대해서는 Friedman(1999, 3부)을 보라. 콰인이 보기에 이렇게 폭넓게 정의를 내리는 일에 대한 카르납의 실패는, 분석성을 언어 대 언어로 설명하려는 어떠한 노력도 자의적일 수밖에 없다는 의미이다.

방법을 순전히 논리적인 방법에 국한할 이유를 알지 못한다. 특히 (카르납 자신이 일찍이 끌어들였던) 행동주의 심리학은 카르납의 인식론 또는 과학논리의 설명력을 한층 풍부하게 할 수 있는 과학적 자원이라고 할 수 있다. 이 확대된 관점, 콰인이 자연화된 인식론이라고 한 이 관점에 남아 있는 선험 개념은 바로 중심에 가깝다거나 안쪽에 자리한다는 것이 전부임을 알 수 있다. 어떤 문장은 다른 문장보다 감각 자극에 의해 수정되기 힘든 것이다. 따라서 엄밀한 과학적 관점에서 인식론적 전체론을 수용해야 한다고 콰인은 결론짓는다.[49]

하지만 나 자신의 결론은 아주 다르다. 순수 형식논리가 카르납이 목표했던 상대화되고 역동적이면서도 여전히 구성적인 선험 원리 개념을 잡아내기에 불충분하다는 점에서는 콰인이 옳다. 인간이라는 유기체의 입출력 관계를 연구하는 행동주의 심리학 또한 이 목표에 불충분하다는 점에서도 콰인은 옳다. 이 관점에는 상대적 고착성이나 수정의 어려움이 전부이기 때문이다. 하지만 위에서 본 대로 과학의 실제 역사적 발전, 특히 현재 철학을 궁지에 몰아넣은 심원한 개념상의 혁명을 주의 깊게 살펴보면 카르납이 목표했던 바로 그러한 상대화된 선험 원리가 과학 이론의 핵심임을 알 수 있다. 카르납이 선험 원리들을 논리적으로 정확히 규정하거나 해명하는 데 실패했을 수도 있다. 그렇다고 그가 규정하려 했던 현상이 존재하지 않는다고 할 수는 없다. 반대로 과학사에 대해 우리가 알고 있는 모든 것은 바로 이 현상이 우리가 아는 과학의 뿌리에 있는 특징임을 알려 준다. 특히 이것은 위대한 과학혁명의 특징으로, 바로 여기서 우리 시대의 카르납과 콰인 논쟁이 나온 것이다.

---

49) 콰인의 자연화된 인식론은 일찍이 헬름홀츠가 대변하던 입장에 행동주의의 옷을 입은 것이다. 여기서 철학은 경험과학의 일부, 곧 심리학이다.

이 생각을 강력하게 뒷받침하는 정황이 과학혁명의 본성과 성격에 대한 토마스 쿤의 이론이다. 여기서 실질적으로 논리경험주의자들이 발전시킨 상대화된 구성적 선험 원리 개념에 대응하는 비형식적 개념을 찾을 수 있기 때문이다. 쿤의 핵심 구분은 패러다임 변화인 혁명 과학과 정상과학의 구분이다. 이 구분은 카르납의 구분과 아주 닮았는데, 언어나 언어틀 자체의 변화와 그러한 틀 안에서 이루어지는 규칙을 따르는 작업 사이의 구분이 그것이다. 카르납에게 언어틀의 논리 규칙은 이 틀에 상대적인 "옳음" 또는 "타당성" 개념을 규정하고 구성한다. 마찬가지로 쿤에게 정상과학의 한 단계나 사건을 지배하는 특정 패러다임은 모두가 동의하는 규칙을 낳고(보통은 그저 암묵적인 동의), 이 규칙이 정상과학의 퍼즐에 대한 "타당하거나" "옳은" 해답이 무엇인지를 규정하고 구성한다. 카르납에게 어떤 언어틀을 고를지에 대한 외부 문제는 논리 규칙을 따르지 않고, 좀 더 막연한 규약이나 실용적 가치에 대한 고려를 필요로 한다. 마찬가지로 쿤에게 혁명 과학에서의 패러다임 변화는 정상과학처럼 합의된 규칙에 따라 일어나는 것이 아니라, 개종 경험과 비슷한 무엇을 필요로 한다.

그래서 강의 I에서 지적한 대로 카르납이 그가 편집한 『통일과학 백과사전』에 『과학혁명의 구조』가 처음 실렸을 때, 쿤에게 앞으로의 작업에 대한 따뜻한 격려의 편지를 쓴 것은 새삼스럽지 않다.

친애하는 쿤 교수님,

원고를 보내 주셔서 매우 감사합니다. 아주 재미있게 읽었습니다. 이를 기초로 『백과사전』에 실을 단행본을 쓰는 것에 대찬성입니다. 2월 13일 당신이 모리스*에게 보낸 편지에서 스케치한 것처럼 말입니다. 당신이 이번

여름에 초고를 쓸 시간이 나면 좋겠습니다.

　이 단행본은『백과사전』에 귀중한 기여가 되리라 믿습니다. 저 자신도 선생님이 다루려는 문제에 관심은 많은데 제 과학사 지식은 다소 단편적입니다. 여러 항목들 가운데 제가 좋아한 것은 과학의 혁명 과정에서 제안되는 새로운 개념틀에 대한 선생님의 강조입니다. 이 틀을 바탕으로 옛 문제에 답하는 것만이 아닌, 새로운 문제 제기가 이루어집니다.[50]

마찬가지로 쿤이 생의 마지막에 카르납의 편지를 "그저 예의"로 해석했던 과거를 후회한 사실 또한 새삼스럽지 않다. 쿤은 자신의 철학 개념이 라이헨바흐와 카르납이 일찍이 표명했던 상대화된 선험 관점과 아주 가깝다고 인정했다.

　내 구조화된 어휘목록[= 쿤의 "패러다임"의 후기 버전]은 구성 범주로서 더 세분화되지만, 칸트의 선험 개념을 닮아 있다. 물론 이는 원래와는 다른 상대화된 의미로 받아들여야 한다. 둘 모두 세계에 대한 **가능한 경험**을 구성하지만 그 경험이 반드시 무엇이라고 지정하지는 않는다. 오히려 이를 통해 접근이 허용된 세계에서 일어날 수 있는 무수히 많은 가능한 경험을 구성하는 것이다. 이 가능한 경험 가운데 실제 세계에서 무슨 일이 일어나는지는 배워야 하는 것이다. 일상 경험에서건 더 체계적이고 세련된 경험인 과학 활동에서건 말이다. 이 둘은 모두 엄격한 교사로 어휘목록이

---

\*　[역주]: 미국 실용주의 철학자로 논리실증주의자들이 벌인 통일과학운동의 미국 대표격으로 활동했던 찰스 모리스(1901-1979)를 가리킨다.『백과사전』의 공동편집자로 오랜 기간 일했으며 카르납을 비롯한 논리실증주의자들을 나치가 지배하던 독일어권에서 미국으로 이주시키는 일을 돕기도 했다.

50) 1960년 4월 12일 편지로 Reisch(1991, 266쪽)에 수록되어 있다.

허락하는 삶의 형태 안에서 잘못된 신념 전파를 단호히 차단한다. 이 둘을 공손히 받들어 얻게 되는 것이 자연에 대한 지식으로, 이 지식에 대한 기여를 평가하는 기준도 마찬가지로 인식적이다. 다른 형태의 삶, 곧 다른 시대, 장소, 문화에서의 경험이 지식을 다르게 구성할 수도 있다는 사실은 그것이 지식이라는 것과 무관하다.[51]

이 모두가 내 생각을 강력히 지지해 준다고 믿는다. 곧 현재 최선의 과학사 기술은 구성 원리와, 그 원리를 놓고 정식화된 경험 법칙 사이의 구분을 필요로 한다.

이제 마지막으로 이번 강의와 강의 I의 주제를 연결시킬 수 있겠다. 앞에서 나는 쿤의 과학혁명 이론에 따라 철학이라는 분야가 과학에 흡수되어야 한다는 생각을 거부해야 한다고 주장했다. 그것이 헬름홀츠가 생각했던 자연과학인 심리학이건 카르납이 과학논리라고 불렀던 수리과학이건 말이다. 이제 나는 다시 쿤의 과학혁명 이론에 따라 콰인의 인식론적 전체론의 특징인, 선험적 구성 원리와 경험 법칙 사이에 어떤 기본적인 구분도 없다는 생각도 거부해야 한다고 주장한다. 살펴본 대로 콰인의 인식론적 전체론은 과학적 철학의 이념에 대한 계속된 집착에서 나왔다. 카르납은 순전히 논리적인 수단만을 가지고 과학적 인식론을 계획했지만, 콰인은 행동주의 심리학을 추가해 자연화되면서도 여전히 과학적인 인식론을 이어 가려 했다(위의 주 49와 비교). 카르납처럼 콰인의 주된 야심은 철학이 엄밀한 의미의 과학, 다시 말해 자연과학이나 수리과학이 되어야 한다는 것이었다. 이와 반대로 내 생각에 철학은 과학의 지위를 바랄 필요도 없고 바라서도 안 된다. 따라서 정신과

---

51) Kuhn(1993, 331-2쪽). "그저 예의"에 대한 언급은 313쪽에 있다.

학의 모범격인 역사의 자원을 끌어들일 여지는 충분하고도 남는다. 실제로 이 관점, 곧 현재 최선의 과학사 기술인 쿤의 관점에서는 구성 원리와 경험 법칙 사이의 구분(콰인의 인식론적 전체론이나, 의도는 좋았던 카르납의 과학논리가 포착하지 못한 구분)이 다시 한 번 확연히 드러난다.

강의 I에서 말한 대로 내 자신의 야심은, 쿤의 과학사 기술에 대한 보완책으로 과학과 연계된 동시대 과학적 철학의 역사를 끌어들이는 것이다. 우리 과학 지식 전체는 지속되는 변증 과정으로, 이를 온전히 이해하려면 쿤의 정상과학과 혁명 과학의 구분을 정상과학, 혁명 과학, 철학적 해명의 삼중 구분으로 대체할 필요가 있다. 여기서 철학은 혁명 과학에 대한 메타패러다임 또는 메타틀로서 새로운 과학 패러다임으로 넘어가도록 동기를 부여하며 이를 떠받친다.[52] 예를 들어 뉴턴 혁명에서 만유인력 이론을 이루는 수학, 역학, 물리를 살펴보자. 뉴턴은 데카르트나 라이프니츠와 같은 사상가들과 조우하며 공간, 시간, 물질, 힘, 작용, 신성에 관한 문제를 놓고 고원한 철학적 수준에서 이론의 틀을 짠 것이다.[53] 둘째 예인 일반상대론에서도 아인슈타인의 아주 새로운 "기

---

52) 철학이나 메타과학 수준에서는 "메타틀"이라는 용어가 아마 더 나을 것 같다. 널리 합의된 공통의 패러다임이 있다는 생각을 피할 수 있기 때문이다. 이 문제는 이후 강의, 그리고 아래 2부 4절에서 더 자세히 논한다.

53) 기계론 철학을 탈바꿈시킨 뉴턴(위의 주 46)은 이 문제에 관해 데카르트의 형이상학에 반기를 든다. 기계론 철학이라는 일차 패러다임을 옹호한 이들 (데카르트, 가상디, 홉스, 호이겐스, 스피노자, 라이프니츠와 같은 이들) 사이에 있었던 형이상학에 대한 불일치는 뉴턴이 그 패러다임을 과감히 변모시키게 된 일종의 "메타배경"이다. 뉴턴이 헨리 모어에 의해 대표되는 케임브리지 플라톤주의를 흡수한 것도 이 점에서 중요하다. 여기서 익힌 "공간의 형이상학"(공간과 신의 관계를 포함) 덕택에 뉴턴은 절대 운동에 대한 그의 신념과 물질에 의해 매개되지 않는 원거리력에 대한 그의 논의를 유지할 수 있었다.

하화된" 중력이론은 헬름홀츠가 시작하고 푸앵카레가 이어 간 기하학 기초론에 관한 철학 논쟁에서 그 명확한 틀이 마련되었다.[54] 칸트의 구성적 선험 원리는 이후 과학적 철학의 전통 안에서 (살펴본 대로 현재 최선의 과학사 기술 안에서도) 상대화되고 일반화되었다. 그렇다면 칸트가 생각한 철학의 "초월적" 기능 (메타과학으로서의 기능) 또한 상대화되고 일반화되어야 한다. 칸트가 "초월 철학"이라고 한 기획이 경험·자연과학의 기본인 시공간 틀을 규정하는 최우선의 구성 원리를 해명하고 그 철학적 맥락을 밝히는 일이었다면, 이 기획 또한 그 대상인 수리물리의 구성 원리처럼 동적이며 역사 안에 위치한다고 보아야 하는 것이다.

콰인의 전체론적 그림인 믿음의 그물망에서는 선험 지식과 철학 모두 경험·자연과학에 완전히 흡수되어야 한다. 반면 나는 철저히 역동적이면서도 계층화·차별화된 지식 체계라는 대안적인 그림을 제시하고 싶다. 이는 지금 논의의 목적상 세 가지 주요 수준으로 나눌 수 있다. 그 가장 밑에는 경험·자연과학의 개념과 원리가 있다. 뉴턴의 만유인력 법칙이나 아인슈타인의 중력장 방정식과 같은 자연법칙은 엄밀한 경험적 시험 과정을 통해 "경험이라는 법정"을 곧바로 대면한다. 둘째 수준에는 구성적 선험 원리가 있다. 기하학과 역학의 기본 원리 같은 것으로 기본적인 시공간 틀을 규정하며 이 틀 안에서만 첫째 수준의 원리를 엄밀히 정식화하고 경험적으로 시험할 수 있다. 이 상대화된 선험 원리가 쿤이 말하는 패러다임을 구성한다. 패러다임은 어느 정도 안정된 게임의 규칙과 같은 것으로 정상과학의 문제풀이 활동을 규정하고 가능케 하는데 이 활동은 특히 경험 법칙을 엄밀히 정식화하고 시험하는

---

54) 특히 아래 2부 4절을 보라.

일을 포함한다. 심원한 개념상의 혁명이 일어나는 기간에 변화의 여지가 생기는 것이 바로 이 구성적 선험 원리이다. 여기에는 물론 새로운 경험상의 발견이나 특히 변칙사례로부터의 강한 압력이 작용한다. 그렇다고 둘째 수준의 구성 원리가 첫째 수준의 원리와 똑같은 경험 원리라고 할 수는 없다. 반대로 심원한 개념상의 혁명 기간에는 혁명의 특성상 합의된 배후의 틀이 당연히 빠져 있기 때문에 어떠한 직접적인 경험적 시험 과정도 불가능하다.[55] 그리고 바로 여기가 셋째 수준인 철학적 메타패러다임 또는 메타틀이 결코 빠질 수 없는 곳이다. 철학은 여기서 제안하고 지도하는 일, 나아갈 방향을 잡아 주는 일을 하며 한 패러다임 또는 개념틀에서 다른 것으로 넘어가도록 동기를 부여하고 이를 떠받친다.[56]

이 세 가지 수준 가운데 그 어느 것도 고정되거나 수정이 불가능하지 않다. 특히 내가 여기서 내린 구분은 다른 정도의 확실성 또는 인식의 안정성과는 아무런 관계도 없다. 실제로 내 말의 요점은 상대화되고 역동적인 선험 원리 개념이, 우리의 자연 지식을 여러 번 뿌리까지 뒤흔든 심원한 개념상의 혁명을 제대로 설명할 수 있다는 것이다. 바로 이러한 혁명의 경험이 실제로 우리 지식에 내가 말한 토대가 있음을 보여 주고 있다. 이 토대란 곧 문제를 규정하는 구성 패러다임으로 이를 수정하면서 우리 지적 가능성의 공간은 진정으로 확장되며, 따라서 급격한 개념상의 혁명 시기에 경험 증거에 대한 단순한 호소는 더 이상 먹히지 않는다. 바로 이 지점에서 철학만이 할 수 있는 일이 생긴다. 이는 경험 증거도 아직 못하는 새 패러다임을 정당화하고 확립하는 일이라기보다 새

55) 아래 2부 2절을 보라.
56) 아래 2부 4절을 보라.

로운 지적 가능성의 공간을 열고 새 패러다임을 온당하고 믿을 만한 선택지로 진지하게 검토해 보도록 만드는 일이다. 우리 믿음체계에서 상호작용하며 진화하는 여러 수준은 인식의 안정성에 관한 정도 차이로 구분되지 않는다. 콰인의 중심에 가깝거나 침투한 정도 차이, 전통적인 확실성의 차이로도 안 된다. 이는 오히려 뿌리부터 다른 기능과 역할에 관한 것으로 각각은 종종 아주 예측하기 힘든 과학 전체의 끝없는 진보에 나름대로 기여한다.

# III. 합리성, 혁명, 탐구 공동체

칸트의 개념인 선험적 구성 원리는 이제 역동적이고 상대화된 개념(논리경험주의 전통에서 유래)으로 자연에 관한 경험 지식을 조직하고 가능하게 한다. 강의 II 끝에서는 이 원리 개념이 "현재 우리 최선의 과학사 기술"인, 과학혁명의 본성과 성격에 대한 토마스 쿤의 이론에서 강력하게 뒷받침된다고 했다. 쿤의 패러다임 개념(나중에는 "구조화된 언어목록"이라는 말로 대체)은 정상과학의 특정 단계 또는 시기를 좌우하는 언어나 개념틀로 그 안에서만 정상과학의 문제풀이 활동이 진행된다. 루돌프 카르납의 용어로 정상과학은 오직 내적 문제에만 집중하며, 이 문제는 적어도 원리상 그 틀을 규정하는 카르납 식의 논리 규칙을 써서 해결이 가능하다. 반면 혁명 과학의 시기에는 바로 그러한 개념들이 논란이 되며, 따라서 그 시점에서 문제를 해결하기 위한 합의된 논리 규칙 체계가 부재한다. 따라서 새 패러다임 또는 개념틀로 넘어가는 과정은 정상과학의 범위를 명백히 넘어선다. 카르납의 용어로 그 과정은 외적 문제에 관계하며 어떤 언어 형식, 어떤 논리 규칙 체계를 채택할지의 문제이다. 따라서 새 개념틀이 제대로 확립되기 전에는 합의에 의해 당연시되는 규칙인 정상과학을 규정하는 규칙의 도움 없이 나아가야만 한다.

상대화되었지만 여전히 구성적인 선험은 쿤의 과학혁명 이론과 많이 닮아 있다. 하지만 이 때문에 구성적 선험은 쿤 이후의 과학사, 과학사회학, 과학철학 문헌에서 자주 보이는 과학 활동의 궁극적 합리성에 관한 의문을 낳기도 한다. 우선 과학혁명에서는 새로운 패러다임·개념 틀로 넘어가는 과정을 지배하는 어떠한 합의된 논리 규칙도 없는 것 같다. 따라서 그 과정을 좋은 이유에 근거해 일어나는 합리적 과정으로 보기는 힘들 것 같다. 합리적 논변보다 권고나 개종과 관계된 비합리적 요인들이 이러한 이행 과정을 설명하기 위해 반드시 필요하다. 과학자 공동체가 어떤 시점에서 특정 과학 패러다임을 받아들이는 이유는 공동체 전체의 비합리적 결정 때문일 것이다. 따라서 유일하게 남아 있는 과학적 합리성 개념은 사회학의 상대화된 개념이다. 이에 따르면 과학적 합리성, 그리고 과학 지식의 전부는 결국 어떤 특정 사회 공동체나 집단이 이러저러한 패러다임이나 틀을 그냥 받아들이기로 결정한 것에 지나지 않는다.

쿤 이후에 생긴 이러한 난점의 근원에는 살펴본 대로 옛 칸트 식 선험 개념의 붕괴가 있다. 칸트는 뉴턴 수리과학의 틀이 되는 근본 구성 원리가 인간 정신의 영원히 고정된 범주와 형식을 표현한다고 보았다. 칸트에게 그러한 범주나 형식은 인간의 합리성 자체를 규정하며, 시대와 장소에 상관없이 모든 인간 지식을 지배하는 절대보편의 합리성이다. 또한 살펴본 대로 칸트 자신의 시대에는 뉴턴 과학의 근본 구성 원리에 구현된 이러한 절대보편의 인간 합리성 개념이 충분히 납득되었다. 뉴턴의 개념틀이 세상에 알려진 수리물리의 유일한 패러다임이었기 때문이다. 하지만 이제 우리는 그러한 순진함을 회복할 수 없을 만큼 잃어버렸다. 따라서 진정으로 보편적인 인간 합리성 개념 또한 포기해야 하는 것처럼 보인다. 또한 현재 유행하는 "모든 지식은 지역적"이라는 표어도 피할 길이 없는 것처럼 보인다.

쿤 자신이 위협처럼 제기한 사회학의 개념 상대주의는 그의 과학 개

념과 상대화된 칸트의 선험 개념을 분명히 비교하는 (강의 II 끝에서
본) 구절에서도 드러난다. 위의 주 51로 인용한 구절에서 쿤은 그의 "구
조화된 어휘목록이 칸트의 선험 개념을 닮아 있고 … 상대화된 의미에
서 … 세계에 대한 가능한 경험을 구성한다"고 한다. 그리고 "다른 형태
의 삶, 곧 다른 시대, 장소, 문화에서의 경험이 지식을 다르게 구성할 수
도 있다는 사실은 그것이 지식이라는 것과 무관하다"고 하며 끝맺는다.
이 마지막 문장에서 쿤은 개념 상대주의의 위협을 제기함과 동시에 자
기 견해의 상대주의적 함축을 최소화하기를 원한다. 상대주의와 거리
를 두려 했던 쿤의 노력은 곧 다시 다루겠다. 하지만 먼저 그의 일부 추
종자들이 얼마나 그 함축을 기꺼이 받아들였는지를 지적하고 싶다.

사회학의 개념 상대주의를 대놓고 과격한 방식으로 옹호한 쪽은 아
마도 소위 에딘버러 학파의 "과학지식사회학"일 것이다. 여기에는 학파
를 세운 배리 반즈(Barry Barnes)와 데이비드 블로어(David Bloor)의 이
론 작업과, 에딘버러 전통을 의식하고 작업하던 스티븐 셰이핀(Steven
Shapin)과 사이먼 셰이퍼(Simon Schaffer)와 같은 과학의 사회사가들의
응용 작업이 포함된다.[57] 이 모든 작업의 기반에는 하나의 철학적 주제
또는 문제의식이 있다. 이는 옛 합리성, 객관성, 진리 개념이 결국 특정
사회·문화 집단이 약속처럼 선택하고 강제하는 지역 사회·문화의 규
준일 따름이라는 생각이다. 쿤 식의 역사 기술이 사회학에 갖는 함축을
주로 논한 책에서 반즈는 이 생각을 다음처럼 표현한다.

> 과학은 보편적인 기준의 집합이 아니다. 상이한 문화적 맥락에서는 참된
> 서술과 타당한 추론이 유지되지 않는다. 과학에서 권위와 통제는 단순히

---

57) 여기서 나는 특히 Shapin and Schaffer(1985)를 염두에 두고 있다.

'이성'과 경험의 자유로운 상호작용을 보장하는 장치가 아니다. 과학의 기준 자체가 특정 문화 양식의 일부이다. 권위와 통제는 그 특정 양식이 합리적임을 주장하는 데 꼭 필요하다. 따라서 과학은 다른 지식 형태나 문화 양식과 똑같이 그 뿌리부터 사회학 연구의 대상이 되어야 한다.[58]

그리고 유명한 공동저술 논문인 「상대주의, 합리주의, 지식사회학」에서 반즈와 블로어의 설명은 다음과 같다.

> [상대주의자는] 자신이 선호하는 바를 정당화하기 위해 맥락과 독립된 절대 기준을 내세울 수 없음을 안다. 그는 결국에 가서 정당화는 한 지역에서만 통용되는 원리나 사실에 불과하다고 인정한다. … 상대주의자에게는 어떤 기준이나 믿음이 진정으로 합리적이어서 그저 한 지역에서만 통용되는 것들과 구분된다는 생각은 의미가 없다. 맥락 없는 초문화적 합리성의 규준이란 없기 때문에 합리적으로 받아들인 믿음과 비합리적으로 받아들인 믿음이 두 개의 질적으로 다른 부류를 이룬다고 그들은 보지 않는다.[59]

과학지식사회학의 에딘버러 프로그램에서 기본이 되는 두 원리는 과학 지식이 사회학 연구의 대상이며, "합리적" "비합리적" 믿음 모두 "대칭적으로" 설명되어야 한다는 것이다. 이 두 원리는 쿤에게서 나온 철학의 개념 상대주의에 직접 기초하고 있다. 이는 결국 인간 이성의 "보편적 기준", "맥락 없는 초문화적 합리성의 규준"이란 없다는 생각이다.[60]

---

58) Barnes(1982, 10쪽).

59) Barnes and Bloor(1982, 27-8쪽).

60) 과학지식사회학에 대한 추가 논의와 그 역사적·철학적 맥락에 대해서는 Fried-

하지만 지적한 대로 쿤 자신은 자기 견해의 상대주의적 함축을 거부한다. 그는 나름대로 전통적인 방식으로 과학의 전개가 합리적이고 진보하는 과정이라고 계속 주장한다. 또한 혁명 과학의 패러다임 전환도 이 과정에 절대 필요하다고 한다. 쿤이 제안하는 과학 활동은 본래 특정부류의 문제 또는 "퍼즐"을 풀기 위한 수단으로, 이론의 예측과 현상에서 관측된 결과를 최대한 많이 일치시키려는 활동이다. 이런 과학 활동에는 명백히 어떤 기준 또는 "가치"가 있게 되고, 정확성(accuracy), 정밀성(precision),* 범위, 단순성과 같은 가치들이 과학 활동 자체를 규정한다. 이들 가치는 과학혁명 또는 패러다임 전환을 거쳐도 일정히 지속되는 가치로 이것이 과학 발전의 합리성(패러다임에 상대적이 아닌 합리성)을 확보하는 데 필요한 전부라고 할 수 있다.

> 개별 과학자가 의식하든 못하든 간에 그들은 복잡한 퍼즐을 푸는 훈련을 받고 거기서 보상을 받는다. 기기, 이론, 논리, 수학에 관한 퍼즐도 결국 현상 세계와 이에 대한 공동체의 믿음이 만나는 부분에 관계한다. … 만일 이것이 사실이라면 과학적 믿음을 평가하기 위한 표준적인 합리성의 기준표는 명백하다. 정확성, 정밀성, 범위, 단순성, 다산성, 일관성 등이 바로 퍼즐 푸는 사람이 고려해야 하는 기준으로, 이 기준에 맞춰 현상과 믿음의 일치에 관한 어떤 퍼즐을 해결했는지를 판단한다. … 현존하는 대안보다 이 기준을 덜 만족하는 법칙이나 이론을 선택한다면 이는 자멸의 길

---

man(1998)을 보라.

* [역주]: 공학이나 과학에서 측정된 양에 대해 쓸 수 있는 표현으로, 정확성은 어떤 양이 참된 양에 가까운 정도를 나타내며, 정밀성은 어떤 양이 변함없이 일정한 정도를 나타낸다. 흔히 표적의 비유를 드는데 양궁에서 9, 10, 8, 9, 10점과 8, 8, 8, 8, 8점을 맞추는 경우를 생각해 보면, 정확성은 앞의 것이, 정밀성은 뒤의 것이 높다.

이자 비합리성의 확실한 징표이다. … 과학이 계속 발전하면서 과학자들에게 정확성, 범위, 단순성 등을 가르쳐 주는 예들 또한 한 분야 안에서 변화하며, 분야마다도 다르다. 하지만 이 예들이 만족하는 기준들 자체는 영속해야만 한다. 이를 포기한다면 이는 과학과 과학 발전에 따른 지식을 모두 포기하는 꼴이다. … 퍼즐 풀이란 [인간 관습의] 진화 과정에서 생겨난 활동들 가운데 하나로 자연에 대한 지식을 생산한다. 어떤 활동이 실리를 추구한다고 해서 그것을 합리적인 지식 탐구로 볼 수 없다고 주장한다면 이는 심각한 오류를 저지르는 것이다.[61]

과학의 발전 내내 단일하며 고정된 개념틀은 없다고 해도 과학은 각 단계에서 퍼즐 풀이의 성공이라는 동일한 목표를 지향한다고 쿤은 말한다. 이에 비추어 그때까지의 모든 단계(개념틀 사이의 전환을 포함)를 평가할 수 있다는 것이다. 의심할 바 없이 과학은 이 목표를 이루는 데 한층 더 효율적인 도구로 발전해 왔다고 쿤은 덧붙인다. 따라서 전체 과학이 합리적인 활동이라는 데는 의심의 여지가 없어 보인다.

불행히도 개념 상대주의의 위협에 맞서 과학 지식의 합리성을 옹호하려는 쿤의 노력은 성공할 수 없다고 믿는다. 먼저 쿤 자신의 역사 기술에서조차 그러한 퍼즐 풀이의 기준이 과학의 혁명적인 변화에도 정말로 영속하는지를 의심할 만한 충분한 이유가 있다. 예를 들어 퍼즐 풀이의 정확성과 정밀성은 천문학 탐구에서는 언제나 기준 또는 "덕목"이었지만, 다른 과학 분야에서는 결코 그렇지 못했다. 실제로 16, 17세기에 과학혁명이 일어난 주된 원인 하나가 바로 천체 역학의 변함없는 기준이었던 정확성과 정밀성을 성공적인 지상(terrestrial) 역학의 기준으

---

61) Kuhn(1993, 338-9쪽).

로 삼기 위한 것이었다. (반면 아리스토텔레스 식 스콜라 자연철학에서
는 정량적 정확성과 정밀성이 지상 영역에서 아무런 일을 하지 못했
다.) 또한 정량적 정확성과 정밀성은 (천체와 지상 영역 모두에서) 16,
17세기에 과학 활동의 가치이자 목표가 되었지만, 이는 18, 19세기 "2
차 과학혁명"[62]이라고도 하는 전환이 일어나기 전에는 제대로 기능하지
못했다. 이때가 되어서야 화학, 전기, 자기, 열 같은 분야에서 정확한 양
적 예측이 가능해졌기 때문이다. 여기서 우리는 쿤이 "과학"이라는 말
(19세기 후반에야 나온 말)을 다소 시대착오적으로 사용하고 있다고 느
끼게 된다. "과학"은 쿤의 과학사 기술이 그리려고 한 전체 발전 과정에
서 결코 일정하거나 불변하는 개념이 아니었다.

　둘째로 과학에서의 성공을 규정하는 변함없이 일정한 기준이나 가치
가 설령 있다 해도 그러한 기준이 충족되는지를 합리적으로 평가할 수
있는 패러다임과 무관한 "중립적" 관점이 가능한지는 여전히 모호하다.
쿤에 따르면 상이한 패러다임은 상이한 개념틀 또는 언어틀에 해당한
다. 한 패러다임에 속한 이가 쓰는 개념과 원리는 다른 패러다임의 것과
는 공약·번역불가능하다. 단지 어떤 한 패러다임 아래서만 나름대로
세계를 일관되게 기술하고 경험할 수 있을 뿐이다. 그렇다면 한 패러다
임에 속한 과학자가, 다른 패러다임이 과학적 성공의 기준 또는 가치를
더 잘 만족시킨다는 주장을 과연 이해할 수조차 있겠는가? 예를 들어 특
수상대론과 로렌츠가 전개한 에테르 기반의 고전 이론 가운데 하나를
선택하는 경우를 생각해 보자. 두 이론 모두 정량적으로는 똑같이 정확

---

62) Bellone(1976/80)를 보라. Kuhn(1976/77)은 이 전환의 중요한 측면을 다룬다. 나
　는 아래 2부 5절에서, 특히 주 65와 주 66이 달려 있는 본문 단락에서 이를 간략히
　논의한다.

하다. 실제로 두 이론은 중요한 부분에서 경험적으로나 수학적으로 동등하다. 그런데 아인슈타인의 추종자들은 특수상대론이 에테르를 아예 없애 버렸다는 점에서 단순성이 장점이라고 할 것이다. 반면 에테르 이론가의 관점에서 보자면 아인슈타인의 이론은 에테르만 없애 버린 것이 아니라 시공간과 역학의 틀인 고전 뉴턴 역학의 틀마저 같이 없애 버린다. 따라서 시공간·역학 현상에 대해 일관되게 생각할 수 있는 유일한 틀이 없어진다. 이 관점에서 아인슈타인 이론은 일관된 가능성조차 아니라고 할 수 있다. 따라서 새 개념틀이 들어서기 전에는 이론의 단순성을 판별할 만한 수단이 없다.[63]

셋째로 퍼즐 풀이 능력인 쿤의 과학적 합리성 개념을 문제없이 받아들인다고 해도, 그것으로 쿤 자신의 역사 기술이 제기한 개념 상대주의의 문제를 제대로 처리할 수 있는지는 상당한 의문이다. 의심할 나위 없이 과학 활동 전체는 실제로 한층 더 효율적인 퍼즐 풀이의 도구가 되었다. 곧 정량적 정확성, 정밀성, 단순성 등을 최대화해 이론적 예측과 현상에서 측정된 결과를 일치시킨다. 문제는 여기서 한 걸음 더 나아가 과학 활동이 이로써 자연에 대한 합리적 지식, 합리적 탐구의 최고 모범이 된다는 생각이다. 과학 활동이 그 자체로 인간 합리성의 본보기가 된다는 생각은 물론 계몽주의 철학의 주춧돌이다. 살펴본 대로 칸트는 바로 이 계몽의 기획을 뚜렷이 표현해, 영원하고 보편적인 인간 합리성에 대한 절대고정의 기준이 뉴턴 수리물리의 근본 구성 원리에 요약되어 있다고 보았다. 그런데 이후 19, 20세기의 과학혁명은 뉴턴의 틀이 결코 변함없이 보편적인 틀이 아님을 보여 주었다. 바로 이 현상 때문에 현재

---

63) Kuhn(1973/77, 334-9쪽)이 이 부분과 바로 앞 단락의 논점을 모두 언급한다는 사실은 주목할 만하다.

우리가 개념 상대주의라는 난관에 처한 것이다. 그럼에도 과학이 정량
적 정확성, 정밀성 등을 계속 늘려 왔다는 당연한 (아주 문제가 없지는
않은) 사실을 지적하는 것은 이 상대주의의 강력한 도전에 대한 부적절
한 대응처럼 보인다.[64]

쿤의 대응이 부적절한 이유는 인간 합리성에서 아주 상이한 두 측면
을 분명히 구분하지 않았기 때문이다. 나는 위르겐 하버마스가 도입한
용어를 좇아 하나를 도구적 합리성(instrumental rationality), 그리고 다른
하나를 의사소통 합리성(communicative rationality)이라고 부르겠다.

목표를 지향하는 행위에서처럼 명제적 지식을 의사소통과 관계없는 방식
으로 사용하기 시작하면 인지적 · 도구적 합리성 개념 쪽으로 방향을 잡은
셈이다. 이것이 경험주의 이후 근대의 자기이해에 강한 영향을 미친 개념
이다. 이것은 스스로의 생존유지에 성공했다는 뜻도 되며, 이는 우연히 주
어진 환경조건을 제대로 파악해 이를 통제하고 여기에 지적으로 적응해
야 가능하다. 반대로 발화행위에서처럼 명제적 지식을 의사소통의 수단
으로 사용한다면 옛 로고스 개념과 가까운 더 넓은 의미의 합리성 개념 쪽
으로 방향을 잡은 셈이다. 이것이 의사소통 합리성 개념으로 그 근원은 결
국 강제 없이 논쟁에서 합의를 이끌어 내는 발화의 힘을 경험할 때이다.
이 발화에서 여러 참여자들은 처음의 주관적인 관점을 극복하고 합리적

---

64) 내가 아래 2부 2절 및 3절에서 설명하는 대로 이 단락과 바로 앞 단락에서 제기된
문제들은 쿤에게서 같은 문제의 두 가지 측면이다. 핵심은 과학 이론을 그저 예측
을 위한 "블랙박스"로 보는 것과, 이론을 명제들의 의미 있는 체계이자 증거 관계
가 성립하는 체계로 보는 것을 구분해야 한다는 것이다. 쿤의 패러다임 개념은 (카
르납의 언어틀 개념처럼) 후자의 이론 개념을 상대화한 것으로, 여기서 생기는 개
념 상대주의의 위협은 이론을 단순히 예측에 성공한 "블랙박스"로 본다고 해서 약
화되지 않는다.

동기에서 비롯된 공통의 신념에 따라 객관 세계의 통일성과 생활 방식의 간주관성(intersubjectivity)을 동시에 확신하게 된다.[65]

도구적 합리성은 효율적 목표 달성의 수단을 생각해 내고 추론하는 능력을 가리킨다. 따라서 이는 이미 설정된 목표나 목적에 매달려 성공할 확률을 최대화하는 능력이다. 눈앞의 목적은 주어진 것으로 받아들이고 주위 사정에 자신을 맞춰 의도된 사태가 가장 쉽게 발생하도록 하는 것이다. 데이비드 흄이 그의 유명한 격률 "이성은 정념의 노예이고 그래야만 할 뿐이다"로 표현했던 합리성 개념이 이것이다. 반면 의사소통 합리성은 서로 간에 합의 또는 의견일치를 목표로 논쟁 및 논의를 이끌어 가는 능력을 뜻한다. 그 시작은 서로의 이해가 얽힌 어떤 사태에 대한 의견불일치는 문제가 있고 바람직하지 못하다는 생각이다. 이 불일치를 해결하려면 논쟁 당사자 모두가 받아들일 수 있는 논증·추론 양식에 호소할 수 있어야 한다. 그렇게 상호 인정된 추론 원리를 기초로 합의를 보거나 적어도 서로를 이해한다면 모두가 납득할 만한 논쟁의 해결에 이를 수 있다. 인간 합리성에 대한 계몽의 믿음은 칸트가 가장 분명히 표현한 대로 바로 이러한 합리성, 곧 의사소통 합리성에 기반을 두고 있다. 다시 말해 모든 인간이 인간으로서 공유하는 절대보편의 추론 원리에 다가갈 수 있다는 것이다.

---

65) Habermas(1981/84, 1권, 1장, 1.A절). 이 구분은 Rawls(1993/96, II강, 1항)에서 강조된 "합리적"(rational)과 "이치에 맞는"(reasonable) 사이의 구분과 비슷하다. 롤즈는 이를 칸트의 가언 명령과 정언 명령 구분과 연결한다. 롤즈 책의 2판(1996)은 민주주의 이론의 기초에 대한 하버마스와의 중요한 논쟁에서 그가 취한 입장을 담고 있다. 내가 미래에 논의하고 싶은 것은 여기서의 과학적 합리성 개념이 이 논쟁에 대해 갖는 함의이다.

　도구적 합리성은 중요한 점에서 사적이고 주관적이다. 그것은 이러 저러한 목표나 목적을 그대로 받아들이고 그 목적을 이루기 위한 최선의 수단을 찾는다. 하지만 인간의 목표란 놀랄 만큼 다양하고 변화무쌍하여, 도구적 이성만 가지고는 진정으로 보편적인 합리성에 대한 근거를 찾을 수 없다. 바로 이 때문에 과학의 발전에서 영속하는 기준이나 가치를 찾으려는 쿤의 노력이 실패할 수밖에 없다. 정량적 정확성이나 정밀성은 아리스토텔레스 식 스콜라 자연철학에 확산된 탐구 목표가 전혀 아니었다. 이는 16, 17세기의 과학혁명과 함께 탐구 목표가 되었지만, 18세기 말과 19세기 초에 시작된 "2차 과학혁명"이 있기 전까지는 의미 있게 확산된 탐구 목표, 곧 실제로 이룰 수 있는 목표가 아니었다. 단순성은 내 주장대로라면 20세기 초의 상대론 혁명에 와서야 탐구의 주목표가 되었다.[66]

　이와 반대로 의사소통 합리성은 본질상 공적이며 간주관적이다. 그것의 본질은, 논쟁의 당사자 모두가 공유하는 논증·추론 원리를 받아들인 상태에서 합의나 의견일치를 보려는 것이다. 이것은 어떤 과학 패러다임이나 개념틀 안에서 허용된 합리성으로, 그 틀의 기능이 바로 근본 구성 원리에 대한 합의를 확립하는 것이다. 쿤의 말대로 "연구에 대한 확고한 합의"는 어떤 특정 과학 공동체 안에서 "보편적으로 수용된다." 쿤에게서 정상과학은 전적으로 이러한 "연구에 대한 확고한 합의"

---

66) 이런 식으로 논지를 펴는 것은 오해의 소지가 있다. 예를 들어 그저 예측을 잘하기 위한 도구로서의 "블랙박스"가 과학 연구에서 널리 퍼진 목표로 채택되지 못할 이유가 없다(실제로 이것이 지금 과학의 목표인 듯하다). 내 논점은 그저 예측을 잘하기 위한 도구인 "블랙박스"와는 대조적으로 우리는 의사소통 합리성에 의해 공공의 언어나 언어틀 안으로 진입하며 이로써 "이성의 공간"을 공유한다는 것이다. 이 공간 안에서 이론 명제는 경험적으로 의미 있게 평가될 수 있다. 아래 2부 2절을 보라.

에 기초하는 것이다.[67] 하지만 공약·번역불가능한 개념틀 사이의 급격한 전환인 혁명 과학이 존재한다. 이 때문에 진정 보편적인 합리성(곧 진정 보편적인 의사소통 합리성)이 이제 위험에 처한 것이다.

이러한 두 가지 상이한 합리성 개념을 분명히 구분하는 데 실패한 쿤과는 달리 카르납의 형식언어·언어틀 철학은 그 핵심에 이에 대한 날카로운 구분이 있다. 카르납에게 내적 문제는 적어도 원리적으로 어떤 주어진 틀의 논리규칙을 동원해 해결할 수 있는 문제이다. 이는 이론 내적인 문제로 "옳음"과 그름", "참"과 "거짓"의 개념은 여기에서 문제없이 적용된다. 어떤 언어틀을 공유하는 연구자들은 바로 그런 내적 문제에 관해 인지적·이론적 논쟁을 할 수 있다. 반면 외적 문제(그 핵심은 언어틀의 선택에 관한 문제)는 이러한 의미에서 진정으로 합리적이지 않다. 하버마스의 용어를 빌자면 의사소통 합리성은 아닌 것이다. 카르납에게 외적 문제는 어떤 틀이 어떤 주어진 목적에 적절하거나 적합한지에 관한 그저 실용적이고 도구적인 문제를 다룰 뿐이다. 이는 첫째로 외적 문제에 대한 답은 "옳다" "그르다"나 "참" "거짓"과 같은 예와 아니오의 이분법으로 판단할 것이 아니라 항상 정도의 문제라는 뜻이다. 둘째로 이는 외적 문제에 대한 답은 반드시 특정 연구자 자신의 목표 또는 목적에 상대적이라는 뜻이다(예를 들어 모순의 가능성을 두려워하는 아주 소심한 연구자는 직관주의 논리의 약한 규칙을 좋아하는 반면, 손쉬운 물리적 적용에 더 관심이 있다면 고전 논리의 강한 규칙을 택할 것이다).[68] 그런데 유감스러운 것은 이렇게 도구적 합리성과 의사소통

---

67) 위의 주 21을 보라.
68) 다시 첫 번째 논점이 더 중요한데 어떤 연구자 공동체가 하나의 주어진 목표에 동의하지 않을 이유는 없다(물론 반대로 모든 연구자가 같은 언어틀을 공유한다는 보장도 없다). 핵심은 외적 문제는 참이나 거짓으로 판명나지 않으므로 언어틀 내부

합리성을 분명히 구분한 카르납도 의사소통 합리성을 해치는 개념 상
대주의의 위험을 논하지는 않았다는 것이다. 개념 상대주의는 카르납
자신이 받아들인 상대화된 구성적 선험 원리 개념에서 곧바로 따라 나
오는데, "옳음"과 "그름", "참"과 "거짓"을 규정하는 이들 원리가 이러
저러한 틀에 상대적이기 때문이다. 그런데 카르납은 그가 무익하다고
생각한 철학 분야 안의 논쟁을 해소하기 위한 목적으로 상대주의를 거
론했을 뿐이다. 어디서도 쿤의 과학혁명 이론의 결과로 생긴 상대주의
의 난점을 심각하게 고려하지는 않았다.[69] 만일 이 문제를 추궁했더라
면 카르납은 아마도 (또한 온당하게도) 이는 다른 문제처럼 과학이 스
스로 해결할 문제라고 답했을 것이다.

하지만 쿤 이후의 우리는 그러한 답에 만족할 수 없다고 생각한다.
상대주의 철학을 내걸고 하는 연구가 과학사, 과학사회학, 과학철학 분
야의 상당 부분을 차지하고 있기 때문이다. 분명 과학(적어도 자연과
학)이 문제를 스스로 해결할 수 있다는 생각도 옳기는 하다(비록 어떤
자연과학자는 강의 I에서 살펴본 대로 상대주의라는 시대 조류를 위협
으로 느끼지만). 그럼에도 우리 철학자들(더 나아가 인문학자들)은 어
떻게 그것이 가능한지에 관한 아주 새로운 문제에 마주친다. 곧 아주 변
형된 형태이긴 하지만 칸트의 원래 문제인 "순수 수학은 어떻게 가능한
가?"와 "순수 자연과학은 어떻게 가능한가?"에 마주치는 것이다. 칸트
의 원래 생각은 절대고정·보편의 의사소통 합리성이 자연과학의 경험
적 진보를 구성하는 틀이 된다는 것이었다. 이제 우리 과제는 칸트의 생

---

의 기준에 따라 증거를 가지고 합리적으로 평가할 수 없다는 것이다.
69) 위의 주 18과 그것이 달려 있는 본문 단락을 보라. 예를 들어 Carnap(1963, 921
쪽)에서 카르납의 철학 개념과 과학혁명의 개념이 분명히 연결되는 것은 사실이
만, 이것이 카르납이 주로 염두에 둔 적용 사례는 아니다.

각이 재론의 여지없이 깨져 버린 지적 상황에서 같은 문제를 책임 있게 분명히 논의하는 것이다.

●

과학 활동과 다른 지적 · 문화적 삶의 영역을 구분하는 특징을 떠올리면서 시작하자. 방금 다시 살펴본 대로 이 특징이 쿤의 과학혁명 이론의 핵심이다. 과학 활동에서는 다른 지적 · 문화적 삶의 영역과 달리 정상과학이라는 것이 있다. 이는 "연구에 대한 확고한 합의"가 있는 기간으로 여기서 어떤 패러다임 또는 개념틀은 마치 게임의 규칙처럼 한 분야의 모든 연구자들에게 "보편적으로 수용된다." 실제로 쿤이 지적하기를, 과학이 시작되는 것도 패러다임 이전의 서로 경쟁하는 학파들이 난무하던 상태가 끝나고 정상과학의 특징인 하나의 단일한 패러다임이나 틀이 들어서면서부터이다. 이리하여 과학에서는 다른 지적 · 문화적 삶의 영역에서 가능한 것보다 훨씬 더한 의사소통 합리성의 상태에 이를 수 있다. 이것이 의심할 나위 없이 계몽시대 이래 (이전 시대보다 더 뚜렷하게) 과학 활동이 인간 합리성의 특히 좋은 본보기로 여겨지는 이유이다.[70]

정상과학의 특징인 의사소통 합리성은 물론 패러다임의 틀 안에 국한된 합리성이며, 그것만 가지고는 개념 상대주의의 위협에 대처하지

---

70) 스탠퍼드에서 리처드 로티는 법률과 같은 다른 문화 활동이 똑같은 의사소통 합리성을 이룰 수는 없는지를 물었다. 내 생각에는 이것이 어떤 역사 시기, 특정 국가의 전통 안에서는 가능할지 몰라도, 정밀 수리과학의 특징인 초국가적 · 초역사적 의사소통 합리성에 근접하는 그 무엇이 다른 분야에서 나오기 힘들어 보인다. 실제로 서양의 지적 · 문화적 전통에서 이러한 상황은 고대 그리스까지 올라간다. (하지만 다른 지적 · 문화적 활동에서도 모범 사례 또는 성취라는 뜻의 "패러다임"에 대한 광범위한 합의가 나타날 수는 있다. 위의 주 23을 보라.)

못한다. 도리어 바로 이러한 합리성이 어떤 하나의 패러다임에 대해 상대적으로 규정되기 때문에 개념 상대주의의 위협이 발생하는 것이다. 그런데 쿤이 올바로 강조한 대로 과학과 다른 지적·문화적 삶의 영역은 정상과학의 특정 단계나 시기에서만 차이가 나는 것이 아니라, 그 단계 사이의 전환인 혁명에 대처하는 방식에서도 중요한 차이가 난다. 과학활동이 특정 패러다임 안에서 동의나 합의를 목표로 하고 이를 훌륭히 이루어 내는 것처럼, 과학은 중요한 점에서 서로 다른 패러다임들 사이에서도 동의나 합의를 목표로 하고 이를 훌륭히 이루어 낸다. 과학에서는 다른 지적·문화적 삶의 영역과 달리 결코 이전에 있었던 모든 것을 내던지고 (그러한 수사적 표현도 쓰지 않는다) 비어 있는 칠판 위에서 새롭게 시작하지 않는다.[71] 오히려 심오한 개념상의 혁명이 일어나는 시기에는 더욱 이전에 있었던 것(이전 패러다임의 틀)을 가능한 한 많이 보존하려 애쓴다.

이 과정은 무엇보다 고등한 수리과학에서 가장 분명하다. 이 분야에서는 이러한 보존의 노력으로 이전 패러다임을 이후 패러다임의 특수한 경우로 보이려고 애쓴다. 이전 패러다임이 정확히 규정된 특수조건 아래 근사적으로 성립한다는 것이다. 특수상대론은 빛의 속도를 무한대로 보내는 극한에서 (아니면 이와 동치로 빛의 속도에 비해 훨씬 느린 속도의 경우) 고전역학에 근접한다. 곡률이 변화하는 리만 기하는 무한히 작은 영역을 고려하면 유클리드 평면 기하에 근사한다. 아인슈타인의 일반상대론에서 중력장 방정식은 다시 빛의 속도를 무한대로 보내면 뉴턴의 중력 방정식에 가까워진다.[72] 실제로 아리스토텔레스의

---

71) 예를 들어 철학에서는, 적어도 수사적 표현으로 이런 일이 종종 일어난다고 말한다.

72) 위의 주 20에서 지적한 대로 Kuhn(1962/70, 101-2쪽)은 상대론 역학에서 속도가 느린 극한을 취하면 고전역학을 논리적으로 유도할 수 있다는 생각을 부정한다. 무

지상·천체 역학에서 고전적인 지상·천체 역학으로 옮겨 가는 과정에서도 그럭저럭 유사한 관계를 찾을 수 있다. 지구 표면에 고정된 관찰자 입장에서 바라본 천체는 그의 시선을 따라 어떤 체계를 구성한다. 이것은 구형이며 고대 천문학의 천구와 동일한 구조이다. 이 체계 안에서 일어나는 천체 운동 또한 아리스토텔레스가 택한 지구 중심 체계(곧 에우독소스의 동심원 체계)에 의해 근사적으로 기술된다. 더 나아가 지구 표면에 가까운 달밑(sublunary) 영역에서 대부분의 중력은 지구에서 나오는데, 무거운 물체는 또다시 아주 훌륭한 근사로서 지구 중심을 향한 일직선 경로를 따라 움직인다. 이 세 가지 혁명적인 전환(아리스토텔레스 자연철학에서 고전역학, 고전역학에서 특수상대론, 특수상대론에서 일반상대론으로의 전환)에서 이전 패러다임의 핵심 결과는 후속 패러다임 내에 가능한 많이 보존된다. 따라서 우리는 이전 패러다임의 개념 및 원리에는 동의하지 않으면서도, 넓은 범위에 걸친 (가능한 많은) 결과에 동의한다고 말할 수 있다.

　물론 이렇게 이어지는 패러다임 사이의 근사 관계라든지 서로 다른 패러다임 사이의 동의는 고도로 시대착오적 또는 "휘그적"이다.* 이후

---

엇보다 두 이론에 쓰인 용어들이 가리키는 "물리적 지칭체"가 다르다는 것이다. 하지만 여기서 나는 두 이론의 해당 수학 구조에 대한 수학적인 사실을 가리키고 있을 따름이다.

\* [역주]: '토리'와 '휘그'는 원래 영국 근대사에서 서로 대립하는 정파 또는 정치적 견해를 가리키는 말이다. 우리 시대의 '보수'와 '진보'처럼 그 외연은 종종 불분명하며(실제로 보수와 진보의 이분이 부분적으로 여기에서 기원한다), 때때로 주창자들에게는 긍정적인 의미로, 반대자들에게는 부정적인 의미로 쓰인다. 당시 휘그는 동시대의 입헌 군주제를 정치적 진보의 정점으로 보았으며, 이러한 기준에서 과거의 모든 정치적 발전이나 견해를 재단하곤 했다. 과거는 필연적으로 현재의 바람직한 상태에 이르기 마련이며 이러한 필연적 진보를 촉진하는 인물은 영웅, 이를 가로막는 인물은 악당으로 간주된다. 이러한 정치적 관점을 역사 기술에 적용해 현

패러다임의 관점에서만 모든 것을 재구성하며, 그것도 혁명 이전의 패러다임 관점에서는 존재하지도 않는 개념과 원리를 사용하기 때문이다. 특수상대론의 4차원 민코프스키 시공간은 빛의 속도를 무한대로 보내면 이제 보통 뉴턴 시공간(위의 주 43)이라고 하는 것에 근접한다. 하지만 4차원 시공간 개념은 원래가 3차원인 고전역학의 틀 안에서는 가능한 개념조차 아니었다. 곡률이 변화하는 다양체 개념도 19세기 이전 수학인 유클리드의 틀 안에서는 존재하지 않았다. 그리고 아리스토텔레스 식 지상 · 천체 역학의 틀 안에서 무한한 유클리드 우주 개념은 불가능하다. 이 개념은 완성된 고전역학에 핵심인데 자연 운동인 관성 운동이 유클리드 공간에서 무한정 계속되는 직선 운동이기 때문이다. 따라서 이전 패러다임을 따르는 이들은 이후 패러다임에서 이루어진 합의를 이해할 수 있는 위치에조차 있지 않다. 이것이 과거에 대한 소급적 재구성이 이전의 개념틀에 대한 제대로 된 역사적 이해가 아닌 까닭이다. 어떤 패러다임이나 틀에서 용어의 의미가 그 틀의 구성 원리에 의해 형성된 것이 사실임을 인정한다고 하자. 그러면 이후 패러다임에서 이전 패러다임을 재구성하는 것은 그것에 대한 이해를 포기하는 일이다.

---

재를 가치평가의 기준으로 두고 과거를 연구하면 휘그사(Whig history/Whiggishness)라는 사관이 된다. 흄은 역사가로서 그의 『영국사』(History of England, 전6권, 1754-62)에서 이 사관에 도전했으며, 20세기에 이 사관에 대한 표준적인 비판은 허버트 버터필드(Herbert Butterfield, 1900-79)의 『역사의 휘그적 해석』(The Whig Interpretation of History, 1931)을 꼽을 수 있다. 버터필드는 과학사가들 사이에서도 유명한데 역설적으로 그의 책 『근대 과학의 기원』(The Origins of Modern Science 1300-1800, 1949)이 휘그적 과학사로 비판의 대상이 되기 때문이다. 쿤의 과학사는 이러한 기술 방식을 뒤집고 과거의 '과학' 텍스트를 당시의 맥락에서 이해하려는 참신한 시도로 받아들여졌으나(이 관점에서 그의 『과학혁명의 구조』는 원래 과학철학이라기보다 이러한 사관을 체계화한 이론서이다), 프리드먼이 앞에서 지적한 대로 정작 쿤 자신의 '과학' 개념은 의심할 나위 없이 휘그적이다.

이전 틀이 특수한 경우 근사적으로 성립함을 보여도 이는 전적으로 새 개념틀 내에서 이전 틀을 합리적으로 재구성한 것이지 이전 틀 자체는 아닌 것이다.[73)]

하지만 역사를 존중하면서도 시대착오나 휘그적 관점에 빠지지 않는 길을 찾을 수 있다. 새 개념이나 원리가 옛 것의 계속된 변형을 통해 서서히 출현하는 역사적 과정을 보일 수도 있는 것이다. 후속 패러다임을 따르는 이들을 완전히 다른 말을 하는 격절된 언어 공동체처럼 보아서는 안 된다. 그렇게 보면 한 패러다임에서 다른 패러다임으로 넘어갈 수 있는 유일한 길은 외국어 문화에 몸을 담그듯이 하는 것뿐이다. 오히려 패러다임은 동일한 문화 전통 안에서 변화하는 단계처럼 서로서로 이어지며 출현한다. 따라서 패러다임 변화를 단일한 언어의 다른 발전 단계로 보아야지 전적으로 격절된 여러 언어로 보아서는 안 된다.[74)]

예를 들어 아리스토텔레스 식 지상·천체 역학에서 고전역학으로 넘어간 일을 생각해 보자. 아리스토텔레스의 개념틀은 유클리드 기하(19세기 초까지 합리적 지식의 최고 모범), 위계와 목적에 의해 짜인 배경 우주 개념, 이 우주에 맞는 자연 위치와 자연 운동 개념, 이렇게 셋에 기초한다. 예를 들어 지상 영역에서 무거운 물체는 자연 위치인 우주 중심

---

73) 이것이 이어지는 틀이 "공약불가능"하다는 쿤의 말을 다르게 한 것이다. 2부 3절, 특히 주 37과 그것이 달려 있는 본문 단락을 보라. 문제의 수렴이 단지 원래 이론의 소급적 재해석에 불과하다는 것이 주 72에서 참조한 곳에서 쿤의 또 다른 (첫 번째와 관련된) 논점이다. 이곳에서 쿤은 지적하기를 (Kuhn, 1962/70, 101쪽) 상대론의 극한에서 특수한 경우로 유도된 법칙은 뉴턴 법칙이 아니라고 한다. 그러기 위해서는 "유도된 법칙을 재해석해야 하는데 이는 아인슈타인의 작업이 나오기 전까지는 불가능했기 때문이다." (여기 각주와 주 72에서 나는 미카엘 하이델베르거 (Michael Heidelberger)의 논평에 빚지고 있다.)

74) 다시 아래 2부 3절, 특히 주 33을 보라.

을 향해 직선으로 움직이며, 천체들은 이 중심 주위로 균일한 원운동을 한다. 고전 물리의 개념틀로 넘어가면 유클리드 기하는 유지되지만, 위계와 목적에 의해 짜인 우주와 이와 연결된 자연 위치 개념은 제거된다. 이로써 얻어진 우주는 무한하고 균일하며 등방성(isotropic)이다. 모든 물체는 직선을 따라 균일하게 무한히 자연 운동한다. 그런데 어떻게 이 개념에 도달한 것일까? 여기서 꼭 필요했던 중간 단계가 자유 낙하와 투사체 운동에 대한 갈릴레오의 유명한 논의이다. 갈릴레오는 위계와 목적에 의해 짜인 아리스토텔레스의 우주는 버렸지만 아리스토텔레스 식 자연 운동 개념의 핵심은 보존하거나 변형시킨다. 갈릴레오의 분석은 두 가지 자연 운동 개념에 기초하고 있다. 하나는 지구 중심을 향한 자연 가속 운동이며, 다른 하나는 이 운동과 수직 방향의 균일하고 한결같은 운동이다. 하지만 근대의 직선 관성 운동과는 달리 갈릴레오의 개념은 균일한 원운동으로, 중심에서 같은 거리에 있는 점들을 등속도로 통과한다. 그런데 지구 표면의 비교적 좁은 영역에서 이 균일한 원운동은 등속 직선 운동과 거의 구분되지 않는다. 그래서 갈릴레오는 이를 수학적으로 아주 좋은 근사인 직선 운동처럼 취급할 수 있었다. 바로 이러한 방식으로 근대에 와서 자연스런 직선 관성 운동의 개념이 이전의 아리스토텔레스 식 자연 운동 개념과 연속적으로 이어지는 것이다.[75]

두 번째 예로 고전 물리에서 아인슈타인의 상대론으로 옮겨 간 일을 생각해 보자. 이 예는 훨씬 더 복잡하며 이를 제대로 다루려면 18세기에서 19세기로 넘어가는 다리인 소위 "2차 과학혁명"(위의 주 62) 또한 고려해야 한다. 여기서는 주요 단계만 짚고 넘어가는 것으로 충분할 것이다. 여러 번 말한 대로 상대론은 19세기 말과 20세기 초 로렌츠, 피

---

75) 여기서 나는 윌리엄 뉴먼(William Newman)과의 토론에 빚지고 있다.

츠제럴드, 푸앵카레로 대표되는 에테르 전기동역학에 대한 작업과 19
세기 전체에 걸친 기하학 기초론의 혁명적인 작업에서 출현했다. 앞의
것은 아인슈타인 훨씬 이전에 로렌츠 군이라는 결과를 낳았는데, 이는
에테르에 대해, 그리고 서로에 대해 상대 운동하는 좌표계 사이의 변환
을 수학적으로 형식화한다. 이 변환은 또한 특수상대론의 수학적 핵심
이고, 이런 점에서 특수상대론은 이전의 에테르 이론과 경험적으로나
수학적으로 동등하다. 그런데 아인슈타인의 혁명적인 발걸음은 이 변
환의 해석에 있다. 이는 전자기로 구성된 물체가 에테르에 대해 상대 운
동할 때의 동역학적 특성을 나타낸다기보다, 민코프스키 시공간이라고
하는 기하와 운동학의 근본 틀을 구성한다. 아인슈타인의 손에서 로렌
츠 변환은 특정 유형의 힘을 결정하는 그저 경험적인 법칙에서 기하운
동학의 구성 원리로 변모했다. 이는 아주 새로운 유형의 시공간 구조를
보여 주는데, 고전 이론의 관점에서 이 시공간 구조는 단적으로 모순이
다.

아인슈타인은 어떻게 이 혁명적인 발걸음을 내딛을 수 있었을까? 여
기서 19세기 기하학 기초에 대한 연구, 특히 푸앵카레의 작업이 결정적
이었다. 아인슈타인은 1905년 그의 혁명적인 도약 직전에 푸앵카레의
『과학과 가설』을 열심히 읽고 있었다(위의 주 27). 잘 알다시피 이 책에
서 푸앵카레는 전기동역학의 최근 상황을 날카롭게 다루면서 19세기
비유클리드 기하의 발전(푸앵카레 자신의 심오한 연구를 포함)에 대한
아주 새로운 지평을 제시한다. 푸앵카레는 유클리드와 비유클리드 기
하 사이의 선택이 경험적이라는 헬름홀츠의 견해를 거부한다. 오히려
푸앵카레의 일관된 주장은 칸트를 좇아 구성틀로서의 기하가 경험적인
발견을 처음으로 가능하게 한다는 것이었다. 그런데 이제 하나 이상의
구성틀이 있으므로, 이들 사이의 선택은 푸앵카레의 주장대로라면 규

약에 의거한다. 결국 유클리드 체계가 수학적 단순성 때문에 (인간 정신의 타고난 필연성 때문이 아니라) 선택되는 것이다. 아인슈타인도 똑같은 관점을 전기동역학의 상황에 적용했다고 할 수 있다. 유일무이의 기하학 틀(인간 정신의 구조에 내장된 틀)이 없는 것처럼, 유일무이의 기하운동학의 틀(민코프스키의 표현대로 시공간 기하를 나타내는 틀)도 없다. 특히 이제는 수학적 단순성을 이유로 새로운 규약을 마음대로 선택해 고전적 구성틀을 특수상대론의 틀로 갈아치울 수 있다. 이렇게 아인슈타인은 아주 새로운 시간, 공간, 운동의 구성틀을 도입했고 이는 이전의 대체된 구성틀에서 자연스럽게 이끌어 낸 것으로 이와 연속된다. 더 나아가 비록 자세히 논의할 수는 없지만 일반상대론으로의 전환도 역시 19세기 기하학 기초론의 전통에서 자연스럽게 나왔다고 할 수 있다. 특수상대론의 새로운 역학에서 출발해 곡률이 변화하는 비유클리드 기하로 나아가게 된 것도 로렌츠 수축을 회전하는 원반의 기하에 적용하면서부터이다. 이와 동시에 아인슈타인은 헬름홀츠와 푸앵카레 사이의 기하학 논쟁에서도 어느 한쪽으로 기울지 않는 미묘한 입장을 취했다.[76]

이제까지 패러다임 사이의 관계에 관해 두 가지 중대한 고찰을 했다. 이는 특히 기하와 역학의 가장 추상적이고 일반적인 구성 원리에 관한 것이다. 첫째로 과학 발전을 내부에서 바라보면 이전의 구성틀은 이후 구성틀의 특수한 경우로 정확히 규정된 조건 아래 근사로서 성립함을 알 수 있다. 둘째로 올바른 역사적 관점에서 보면 이어지는 패러다임들은 중요한 부분에서 서로 공약·번역불가능하지만, 이전 패러다임의

---

76) 특수상대론과 일반상대론으로의 전환은 2부 3절과 4절에서 훨씬 더 자세히 논의한다.

개념이나 원리가 자연스럽게 탈바꿈해 후속 패러다임으로 이어진다.
이 두 고찰을 한데 모아 철학적 관점에서 보면 이어지는 패러다임 또는
틀은 하나의 수렴하는 계열을 이루며 그 안에서 구성 원리를 점차 더 일
반적이고 적합한 방향으로 다듬어 간다고 할 수 있다. 아리스토텔레스
의 틀에서 고전물리의 틀로 넘어갈 때 유클리드 기하는 그냥 가져왔고,
위계와 목적에 의해 짜인 구형 우주는 버렸으며, 아리스토텔레스의 자
연 운동 개념은 수정했다. 특히 기저에 놓인 기하에서 특별한 경로를 따
르는 자연 운동 상태가 있다는 생각은 유지했다. 고전 물리에서 특수상
대론으로 넘어갈 때도 유클리드 기하와 관성의 법칙은 당연히 유지하
지만, 3+1 차원이 아니라 이를 특수한 경우로 포함하는 4차원 시공간
구조를 채택한다. 마지막으로 일반상대론으로 넘어가면 유클리드 기하
보다 더 일반적인 구조인 무한소 유클리드 기하(리만 기하)를 쓴다. 동
시에 자연 운동의 기본 상태도 등가 원리에 따라 수정된다. 이제 중력의
영향만을 받는 모든 운동은 자연적이며, 이 운동은 기저에 놓인 4차원
시공 기하에서 최단 직선 경로인 측지선을 따른다.

칸트는 18세기에 미래 과학의 발전이 수정이 불가능한 고정된 구성
원리(특히 뉴턴 수리물리의 원리)에 기초할 뿐만 아니라, 단순성이나
통일성과 같은 규제 원리의 지배를 받는다고 보았다. 규제 원리는 과학
적 진보를 구성 원리처럼 제한하지는 않으면서도 이를 유도하는 원리
이다. 이에 의해 과학은 이상적인 완성 상태로 나아가지만, 이 상태는
단지 가상의 지점(focus imaginarius) 또는 '이성의 규제적 이상'으로 실
제로 이것이 이루어진다는 보장은 전혀 없다.[77] 실제로 우리의 현행 과

---

77) 칸트의 규제 원리의 개념(그리고 이성의 규제적 사용의 개념)은 『순수이성비판』에
서 초월적 변증론의 부록으로 처음 논의되었고 『판단력비판』의 서론에서 추가적으

학이 이 이상에 도달했다고는 결코 볼 수 없는데 그렇게 되면 과학의 진보는 도중에 멈출 것이기 때문이다. 우리는 여전히 이 이상을 추구할 의무가 있으며 이에 실패한다면 우리가 아는 과학이 불가능해진다.

　이제 내가 말하려는 것은 칸트의 개념인 이성의 규제적 사용을 *그가* 말한 구성 원리에도 맞게 조정해야 한다는 것이다. 그렇게 한다면 패러다임 사이의 초역사적 보편성을 바로 이 부분에서 확보할 수 있다. 심오한 개념상의 혁명이나 패러다임 전환은 과학에서 피할 수 없는 사실로 (내 주장대로라면 필연적인 일이기도 하다) 현재의 구성 원리를 진정으로 보편적인 인간 이성의 원리, 곧 과학 발전 전체에서 하나로 고정된 원리로 볼 입장에 우리는 결코 있지 않다. 그렇지만 우리는 현재의 구성 원리를 수렴하는 과정상의 한 단계로 생각해, 이후 단계에서 밝혀질 더 일반적이고 적합한 구성 원리에 대한 근사로 볼 수는 있다. 현재 과학 공동체는 현재의 구성 원리에서 마련된 의사소통 합리성에 기초해 잠정적인 합의에 이르렀는데, 이 공동체 또한 이상적인 탐구 공동체(퍼스의 표현)에 대한 근사로 볼 수 있다. 과학적 진보의 이상적 극한에서 완전히 일반적이고 적합한 구성 원리에 이르면 보편적이고 초역사적인 의사소통 합리성을 이룰 수 있는 것이다.[78] 실제로 현재의 과학 공동체를 그런 완전한 공동체에 대한 근사로 보아야만 한다. 그럴 때에만 우리에게 꼭 필요한 패러다임 사이의 의사소통 합리성을 유지할 수 있다.

　이렇게 칸트가 말한 이성의 규제적 사용에 따라 구성 원리가 하나로

---

로 논의된다.

78)　퍼스는 그의 과학 진리 개념(과학 공동체가 이상적 극단에서 합의하는 것으로 정의됨)을 1877년과 1878년에 『월간 대중 과학』(*Popular Science Monthly*)에 처음 출판된 그의 두 논문에서 논한다. Hartshorne and Weiss(1931-35, 5권, 358-87항, 388-410항)를 보라.

수렴된다는 생각을 예상한 이들이 있다. 19세기 말과 20세기 초 마르부르크 학파와 이 전통의 마지막 주요 대변자인 에른스트 카시러가 그들이다. 카시러는 뉴턴 역학의 근본 원리조차 "불변하는 도그마로 성립하지는 않고" 아주 새로운 원리로 탈바꿈할 수 있다는 예를 든다. 하지만 "이것이 하나의 근본 형태가 완전히 사라지고 다른 것이 그 자리에 나타난다는 뜻은 결코 아니라고" 지적한다. 이와 반대로

> 이 변화는 정해진 만큼의 원리를 있는 그대로 남겨 두어야 한다. 변화의 필요성도 그만큼의 원리 확보에 있으며, 바로 이것이 변화의 진정한 목표이다. 가설 전체를 투명한 사실과 비교할 수는 없는 일이다. 원리들의 가설 체계는 다른, 더 포괄적이고 근본적인 체계와 비교될 뿐이며, 이렇게 점진적인 비교를 위해 변치 않는 궁극의 척도인 최상의 원리, 모든 경험 일반에 대해 성립하는 원리가 필요해진다. … 따라서 경험의 비판 이론은 말하자면 경험에 대해 변치 않는 보편 이론을 구성하려 하며, 이로써 점진적인 귀납 과정에서 한층 분명히 요구되는 조건을 충족시킨다. … 비판적 분석의 목표를 이루려면 과학에서 경험할 수 있는 모든 것에 공통인 형식을 올바로 확립해야 한다. 곧 이론에서 이론으로 나아갈 때 보존되는 요소를 개념상으로 확립하면 이는 모든 이론의 조건이 될 것이다. 이 목표는 앎의 어떤 한 단계에서는 결코 완전히 이루어지지 못한다. 그래도 이것은 요청으로 남으며 경험 체계가 잇따라 펼쳐지고 발전하는 과정에서 어떤 고정된 방향을 제시해 준다.[79]

카시러의 제안대로 우리는 현재의 구성 원리를 궁극 원리로 볼 수 없고,

---

79) Cassirer(1910/23, 355-7/268-9쪽).

앞으로 구성 원리가 어떻게 실제로 발전할지도 알 수 없다. 할 수 있는 최선은 어느 한 시점에서라도 이 극도로 일반적이며 적합한 궁극의 구성 원리가 무엇일지 그럴듯한 추측을 해 보는 것이다.[80] (예를 들어 현재로서는 두 원리가 가장 유망한데, 하나는 무한소 유클리드 기하이고 다른 하나는 시공간의 기저 기하와 처음부터 결합된 자연 운동의 원리이다.)

그런데 이 마지막 논점은 중요한 문제를 남긴다. 어떻게 우리 현재의 구성 원리를 바꾸는 진정한 개념상의 변화인 패러다임 전환을 감행할 수 있을까? 더 구체적으로는 어떻게 뿌리부터 새로운 개념틀을 제안하는 일이 합리적이고 책임 있는 일이라고 할 수 있을까? 여기서 패러다임 사이의 수렴에 관한 앞서의 세 가지 제안에 따라 다음을 이야기할 수 있다. 첫째로 이전의 구성틀은 새로운 개념틀에 특수한 경우로 포함되며 정확히 한정된 조건 아래 근사로서 성립한다.[81] 둘째로 옛 구성 원리는 일련의 자연스럽고 연속적인 변천을 거쳐 새 구성 원리로 발전해 나간다. 셋째로 이 연속적인 개념 변천 과정은 새롭고 적절한 철학의 메타틀에서 동기를 부여받아 유지된다. 특히 새 철학의 메타틀은 옛 철학의 메타틀뿐만 아니라 과학 내적인 새로운 발전과도 서로 생산적인 영향

80) 실제로 카시러(그리고 더 나아가 마르부르크 학파)는 상대화된 선험 원리 개념을 옹호하지 않는다. 오히려 절대적 선험이 이 이상적 극한 과정의 끝에 남아 있는 원리들이다. Friedman(2000b, 7장)에서 설명한 대로 카시러의 선험 개념은 순전히 규제 원리이지, 거기에 어떤 구성 기능이 남아 있지 않다. 지금 내 개념은 두 가지 개념을 결합한 것이다. 하나는 논리실증주의 전통에서 개발된 상대화되지만 구성적인 선험 개념이고, 다른 하나 이성의 규제적 사용에 대한 마르부르크 학파의 개념이다. (여기서 나는 특히 헨리 앨리슨(Henry Allison)의 논평에 빚지고 있다.)
81) 하지만 이 극한 과정이 (소급적 관점에서) 구성 기능을 보존하지 않음에 주의해야 한다. 2부 3절의 논의, 특히 주 37이 붙어 있는 두 단락 전체를 보라.

을 주고받아야 한다. 이 새 철학의 메타틀이 바로 이 시점에서 자연스럽고 합리적이며 책임 있는 개념상의 변화가 무엇일지 규정하는 일을 돕는다.

　예를 들어 아리스토텔레스 식 스콜라 자연철학에서 고전 수리물리로의 변화을 살펴보자. 갈릴레오가 아리스토텔레스의 자연 운동 개념을 뿌리부터 (그럼에도 연속적으로) 바꾸려고 했던 시점에서는 아리스토텔레스 개념틀에 있는 위계적·목적론적 요소 또한 제거될 필요가 있었다. 대신 이러한 요소를 배제한 수학과 기하학의 관점이 필요해졌으며, 당시 이 관점은 1차 성질과 2차 성질의 구분으로 요약되었다. 유클리드 기하는 합리적 탐구의 모범으로 이미 아리스토텔레스 식 틀의 일부였고, 따라서 남은 과제는 이 부분을 확대·강조해 아리스토텔레스 형이상학에 고유한 개념틀인 질료·형상론과 목적론을 추방하는 것이었다. 하지만 이를 위해서는 아리스토텔레스 형이상학에서 다방면에 걸친 개념들 (실체, 힘, 운동, 물질, 정신, 공간, 시간, 창조, 신성 개념) 또한 재편해야만 했다. 이러한 철학의 재편이 데카르트에게 떨어진 과제로 그의 철학은 코페르니쿠스의 천문학, 기하 광학의 새로운 성과, 그 자신이 창안한 해석 기하 등과 같은 이전의 과학 발전과 생산적인 영향을 주고받았다. 고전역학에서 상대론(특수와 일반 모두)으로 넘어갈 때도 마찬가지였다. 아인슈타인이 고전적인 공간, 시간, 운동, 작용 개념을 뿌리부터 (또한 연속적으로) 바꾸려 했던 시점에서는 기하학 기초론에서의 철학 논쟁이 빠질 수 없었다. 과학 해석에 대한 헬름홀츠와 푸앵카레 사이의 이 논쟁은 칸트 철학이라는 바탕 위에서 경험주의와 규약주의가 맞선 것이며, 19세기에 진행된 기하학 기초론 분야의 수학적 발전에 대한 응답으로 이루어졌다. 물론 철학의 메타틀과 과학의 패러다임을 생산적으로 짜맞추는 일은 데카르트, 뉴턴, 아인슈타인과 같은 천

재나 할 수 있는 일이다. 하지만 위의 예들은 이것이 실제로 이루어진다고 말한다.[82]

하나의 수렴하는 계열을 이루는 이어지는 틀이나 패러다임을 극단까지 밀고 가면 이상적 상태인 가능한 최대로 포괄적인 의사소통 합리성에 가까워진다(실제로 거기에 닿지는 못한다). 이 이상적 탐구 공동체에 참여하는 모든 이들은 진정으로 보편적이고 초역사적인 구성 원리를 공유한다. 그렇다고 이러한 생각이 실재에의 수렴*이라는 또 다른 개념을 함축하지는 않는다. 이어지는 과학 이론이 과학 활동과 전적으로 독립해 존재하는 외부 세계에 점점 더 근접한다고 볼 필요는 없다. 원래 칸트의 객관성 개념이 바로 이러한 과학 지식에 대한 소박한 실재론적 해석을 약화시키기 위한 명백한 의도에서 나온 것이다. 칸트는 현상과 물자체를 날카롭게 구분하며 자연에 대한 최선의 앎인 자연과학적 지식은 현상에만 적용된다고 주장한다. 따라서 칸트의 생각을 수정한 우리에게는 여러 갈래의 길이 열려 있다. 우리는 과학적 진리를 퍼스식으로 이상적 탐구 공동체가 결국 이루어 낼 합의로 규정할 수 있다. 다른 길은 더 과격한 마르부르크 학파의 "논리 관념론" 전통으로, 실제 경험 세계를 자연과학의 진보가 사실상 수렴하고 있는 극한의 수학적 구조라고 보는 견해이다.[83]

---

82) 이 문제 전체는 아래 2부 4절에서 훨씬 더 자세히 논의한다.

\* [역주]: 다음 문장에서 설명하는 수렴 실재론(convergent realism)을 가리킨다.

83) 내 과학적 합리성 개념은 "반실재론자"의 과학적 진리 개념과 일관되지만 이를 받아들이는 것은 아니다. 이 점을 가장 잘 표현하려면 2부 5절처럼 과학적 진리 개념("실재론자" 개념이건 "반실재론자" 개념이건)이 과학적 합리성 개념에 필요 없다고 하면 된다. 아래 2부, 주 58에서 살펴본 대로 퍼스의 과학적 진리 개념이 요구하는 수렴은 실제로 우리의 과학적 합리성 개념이 요구하는 것을 훨씬 넘어선다(바로 아래 이어지는 수렴과 합리성에 관한 내 언급을 보라).

마지막으로 같은 맥락에서 우리의 과학적 합리성 개념이 과학의 진보에서 모든 우발성을 제거하지는 않는다. 과학의 진보가 매번 하나의 예정된 길을 따라 모든 가능한 구성 원리를 거쳐 가는 것은 아니다. 오히려 우리가 원한다면 매 지점마다 분기하는 나무 구조처럼 근본 구성 원리가 다르게 발전할 가능성을 상상할 수도 있다. 우리 관점에서는 과학적 합리성 때문에 이 구조에 하나의 고정된 길이 있을 필요는 없는 것이다. 또한 처음부터 고정된 구성 원리들도 필요 없다. 오히려 나무가 어느 쪽으로 뻗어 가더라도 수렴하기만 하면 된다. 더도 말고 바로 이것이 우리에게 필요한 전부로 현재 과학 공동체가 그 극한에서 이상적인 탐구 공동체에 근접하기 위해 필요한 것이다. 이 이상 공동체에서는 마찬가지로 이상적인 기준인 보편적이고 초역사적인 의사소통 합리성이 인정된다. 우리의 수정된 칸트주의는 강의 II 끝에서 지적한 대로 확실성이나 인식의 안정성을 목표로 하지 않는다. 오히려 우리 목표는 보편적 합리성으로, 여기서 우리 이성은 점점 더 자기를 의식하면서 스스로의 책임을 지는 것이다.

# 2부: 토론의 소득

# 1. 상대화된 선험

강의 II에서 전개한 상대화되었지만 구성적인 선험 개념은 내가 밝히려는 수정된 칸트 식 과학철학의 핵심이다. 나는 뉴턴 역학이나 아인슈타인의 상대론처럼 고등한 수리물리 이론은 서로 다른 일을 하는 두 영역으로 이루어진다고 본다. 먼저 만유인력이나 맥스웰의 전자기 방정식, 아니면 아인슈타인의 중력장 방정식과 같은 법칙을 포함하는 진정한 경험 영역이 있다. 그리고 이론을 형식화하는 데 필요한 수학 원리(유클리드 기하, 민코프스키 시공간 기하, 리만의 다양체론)와 근본적인 물리 원리(뉴턴의 운동 법칙, 빛 원리,* 등가 원리)를 모두 포함하는 구성적 선험 영역이 있다. 여기서 선험 원리(수학·물리 원리 모두)라고 하는 것이 경험과학의 진보와 새로운 발견에 발맞추어 변화하고 발전함을 분명히 인정한다. 하지만 여전히 콰인의 인식론적 전체론에는 반대해 이러한 원리가 칸트와 거의 같은 의미에서의 구성적 선험이라고 주장한다.

이러한 생각은 얼핏 보면 콰인 이후에 철학을 하는 우리에게 낯설지 모른다. 경험적 발견에 발맞추어 변화하고 발전하는 원리를 선험이라고 하는 것은 도대체 무슨 의미인가? 원래 선험 개념은 '경험과 독립적으로 정당화된다'는 뜻이다. 따라서 선험이라고 할 만한 어떤 원리도

---

\*  [역주]: 빛의 속도는 모든 관성계에서 일정하다는 광속 불변의 원리를 가리킨다.

(만일 그것이 성립한다면) 경험과 전적으로 무관하게 성립해야 할 것이 며 "무슨 일이 일어나도" 성립해야 할 것이다. 일단 (진정으로 혁명적인 과학 발전에서) 기하학이나 역학의 원리가 수정된다면, 그러한 원리를 선험이라고 부르는 것은 무의미한 일처럼 보인다. 물론 뒤앙 · 콰인의 전체론을 그대로 따라 무슨 일이 일어나도 우리가 원하기만 한다면 그 러한 원리를 유지할 수 있다. 하지만 자연과학의 원리도 똑같이 경험과 무관하게 수정 없이 유지할 수 있으며, 경험 법칙도 예외는 아니다.

이러한 비판에 대해 먼저 지적할 것이 있다. 논리실증주의 전통 안에 서 처음 형성된 상대화된 선험 개념은 원래 칸트 개념에서 발견되는 선 험의 두 의미를 분명히 갈라놓으려 한 결과이다. 필연적이고 수정불가 능하며 언제나 참인 것과 '[과학] 지식의 대상 개념을 구성하는 것'이 그것이다. 강의 II에서 지적한 대로 이 둘의 뚜렷한 구분이, 이를 처음 표명한 라이헨바흐의 『상대론과 선험적 지식』(1920)이나 이를 확장한 카르납의 형식언어 · 언어틀의 철학의 기초였다. 『언어의 논리적 구문 론』(1934) 82절에서 카르납은 수리물리의 어떤 문장(L-규칙과 분석 명 제를 포함)도 '완고한' 프로토콜 문장에 비추어 수정될 수 있다고 분명 히 밝혔다. 또한 종합 문장을 경험적으로 시험하는 문제에서 뒤앙의 전 체론을 받아들였다. 하지만 P-규칙과는 아주 다르게 L-규칙은 프로토 콜 문장과 종합 문장의 논리적 관계를 처음으로 규정한다. 이로써 경험 적 시험에 (그것이 전체론을 따라 이루어져도) 정확한 논리적 의미가 생기는 것이다. 그렇기 때문에 분석 문장이나 L-규칙은 경험에 비추어 순전히 실용적인 이유에서 수정될 수는 있지만, 그 자체가 경험에 의해 논리적으로 시험될 수는 없다.[1]

---

1) Carnap(1934/37, 82절, 245-6/317-9쪽)을 보라. "물리학의 명제는, 그것이 P-근

이렇게 선험의 두 의미가 갈라진 것은 원래 칸트가 선험적 (종합) 진리를 새롭게 이해하면서 예상된 것이었다. 물론 칸트는 그가 선험이라고 한 원리(예로 기하학과 역학의 기본 원리)가 필연적이며, 수정불가능하고, 명증적으로 확실함을 당연시했다. 그런데 그러한 원리가 어떻게 가능한지에 대한 그만의 설명에서는 후험적·경험적 진리에 대한 선험 원리의 구성 기능이 부각되었다. 그러한 진리를 경험적으로 인식하는 일(우리가 경험적 확증이라고 하는 것을 포함)이 비로소 가능해지는 것이다. 칸트에게서 선험적 인식이 경험적 인식에 의존하지 않는 이유는 선험적 인식이 경험이 가능하기 위한 필수 조건을 산출하기 때문이다.[2] 선험 원리는 경험적 지식을 확립하기 위한 필수 조건·규칙을

---

본 문장이건, 다른 방법으로 타당한 문장이건, 아니면 불확실한 가정(결론을 알아보기 위한 가정)이건 간에 시험된다. 언어의 변환 규칙에 의거해 결론을 도출하고 결국 프로토콜 문장 형태에까지 도달하는 것이다. 이렇게 나온 결론을 사실로 인정된 프로토콜 문장과 비교하면 확증하거나 반박할 수 있다. 만일 어떤 P-근본 문장의 L-결과인 문장이 프로토콜로 인정한 명제와 모순된다면 체계에 어떤 수정이 가해져야 한다. … 물리 언어의 어떤 규칙도 확정되지 않는다. 모든 규칙은 편의에 따라 수정할 수 있다는 조건 아래서만 규칙인 것이다. 이는 P-규칙뿐만 아니라 수학을 포함하는 L-규칙에 대해서도 성립한다. 이 점에서는 정도의 차이만 있을 뿐이다. 어떤 규칙은 다른 규칙보다 포기하기 힘든 것이다. [그런데 만일 한 언어에서 새로 등장한 프로토콜 문장이 항상 종합 문장이라고 가정하면, L-타당, 곧 분석 문장인 $S_1$과, P-타당 문장인 $S_2$ 사이에는 다음과 같은 차이가 있다. 곧 새로운 프로토콜 문장은 (타당 여부와 상관없이) $S_2$와 L-모순일 수 있지만 $S_1$과는 절대 그렇지 않다. 그렇다고 해도 새로운 프로토콜 문장들이 계기가 되어 언어가 많이 바뀌면 $S_1$은 더 이상 분석 명제가 아니게 될 수도 있다.]′ 이에 대한 더한 논의는 Friedman(1999, 9장, IV절)을 보라. 아래 주 15에서 지적하겠지만 이러한 카르납의 구분 방식이 결국 콰인의 전체론에 이른 것이다.

2) 『순수이성비판』 도식론 장의 A146/B185를 보라. "모든 우리 인식은 가능한 경험 전체 가운데 놓게 되는데, 인식과 경험의 이러한 보편적 관계는 초월적 진리로, 모든 경험적 진리에 앞서며 이를 가능케 한다."

규정하기 때문에 경험에 의해 확립될 수 없다. 바로 이 점에서 이 원리들이 경험에 앞선, 경험과 독립된 원리들인 것이다.[3] 칸트가 선험이라고 한 원리도 결국 수정될 수 있음을 당연히 인정해야 한다면, 라이헨바흐나 카르납처럼 선험적 원리를 구성적으로 이해하는 칸트 나름의 방식을 유지하면서도 옛 선험의 특징인 필연성, 수정불가능성, 명증성을 거부할 수 있는 길이 열린다.

하지만 여전히 (없을지도 모르는) 선험 원리가 경험적 지식의 필수 조건이 된다는 것이 무엇인지는 분명치 않다. 특히 콰인 이후 철학을 궁지에 몰아넣은 혁명적 과학 발전에 맞서 칸트의 구성적 관계 개념을 유지할 수 있을지는 여전히 의문이다. 이 의문에 답해 내가 주장하고 싶은 것은 바로 그러한 혁명적 발전 때문에 선험 원리와 경험 법칙 사이의 구성적 관계가 전보다 한층 부각되었다는 것이다. 따라서 반대 입장인 과격한 인식론적 전체론은 그 뿌리부터 흔들리게 된다.

우리는 구성 원리가 경험 법칙이 가능하기 위한 필수 조건이라고 했다. 하지만 A가 B이기 위한 필수 조건이라고 해서 B가 A를 함축한다는 보통의 뜻은 아니다. A가 B의 구성조건이라는 것은 A는 B가 참이기 위한 필수 조건일 뿐만 아니라 B가 의미와 진리값을 갖기 위한 필수 조건이라는 말이다. 곧 이제는 많이 쓰이는 표현대로 A는 B의 전제(presupposition)이다. 진부한 예이지만 러셀의 "현재 프랑스의 왕은 대머리다"는 현재 프랑스에 단 한 사람의 왕이 있음을 전제하고 있으며 이 전제가 성립하지 않으면 명제는 진리값을 갖지 않는다.[4] 마찬가지로 뉴턴 물리

---

3) 선험 원리의 구성 기능에 대한 칸트 특유의 생각을 논의한 De Pierris(1993)를 다시 보라. 드 피에리스는 칸트의 생각을 "명석판명한 관념"에 대한 합리주의자들의 설명과 차별화하기 위해 애쓴다.

4) 칸트의 필수·구성 조건에 대한 이러한 해석은 Brittan(1978, 28~42쪽)에서 논의

학의 예에서 운동법칙이 성립하지 않으면 만유인력 법칙에 쓰이는 절대 가속도 개념은 (뉴턴 물리학 범위 안에서는) 경험적 의미나 쓸모가 없다. 곧 뉴턴 물리학 안에서 만유인력 법칙을 경험적으로 의미 있게 쓰려면 운동법칙이 참이라고 전제해야 한다. 만일 운동법칙이 참이 아니라면 (운동법칙이 성립하는 좌표계가 없다면) 만유인력 법칙이 경험적으로 참인지 거짓인지조차 물을 수 없다.

하지만 전제라는 개념만으로 우리가 찾는 칸트 개념을 포착하기에는 너무 약하다. 경험적 진술의 전제라는 이유만으로 구성적 선험은 아니기 때문이다. 이는 현재 프랑스 왕의 예를 생각해 보면 된다. 따라서 구성적 선험은 수리물리의 기저에 있는 근본 전제, 곧 (적어도 자연과학에서) 모든 경험적 진리의 근본 전제로 볼 수 있는 원리에만 타당한 말이라고 할 수 있다. 이러한 특정 전제들이 특별한 지위를 차지하는 것도 분명 그 근본적 성격, 경험적 진리 전체에 관계하는 일반성 때문이다. 이는 또한 시간, 공간, 운동 개념과 같은 현대 수리물리 고유의 개념을 적용하기 위한 구체적인 문제 때문이기도 하다. 이러한 문제는 상대론의 발달과 함께 더욱 분명해졌다.

예를 들어 근대 이전의 아리스토텔레스 식 스콜라 자연학에서는 시간, 공간, 운동 개념을 경험에 적용하는 데 특별한 어려움이 없었다. 공간은 3차원 유클리드 구로 이루어지며 구 중심에는 지구가, 그 표면에는 항성이 있다. 천구들 전체는 날마다 동에서 서로 균일하게 회전하며,

---

된다. 이는 전제 개념에 대한 반 프라센(van Fraassen)의 의미론적 논의(특히 지시구에 관해서 러셀에 반대한 스트로슨의 논의)에 기대고 있다. 브리탄(Brittan)이 지적하는 대로 실용주의 전통의 저자들은 종종 순전히 논리적인 필수 조건 개념(단순한 함축 개념)을 써서 전제 개념을 모순에 빠트린다. 브리탄은 Pap(1946, 1쪽)을 인용하는데 팝은 거기서 Lewis(1929, 197-202쪽)의 논의에 기대고 있다.

특히 작은 동심 천구들은 천체를 하나씩 달고서 반대 방향으로 훨씬 더 느리게 회전한다(해는 해마다 한 번씩, 달은 달마다 한 번씩 등등). 각 천체에는 천구라는 자연 위치와 천구의 회전이라는 자연 운동이 있다. (여기서 행성 운동의 복잡한 문제는 뛰어넘는다.) 또한 가장 안쪽 천구에 둘러싸인 달밑 또는 지상 영역에는 4원소(흙, 물, 공기, 불)가 있어서 각 원소는 중심부터 경계까지 차례차례 나름의 자연 위치를 차지한다. 각 원소의 자연 운동은 자기 위치를 벗어났을 때 원래 위치로 되돌아오려는 직선 운동이다. 아무튼 이런 관점에서 시간, 공간, 운동과 같은 이론적 개념은 감각 경험에 드러난 세계와 문제없이 잘 들어맞는다. '과학적 상'이 '명시적 상'을 곧바로 체계화한 것이다.

　반대로, 뉴턴에서 완성된 16, 17세기 근대 수리물리에서는 물리 이론과 감각 경험의 이러한 일치가 돌이킬 수 없이 깨진다. 공간은 이제 유한한 3차원 유클리드 구체 대신 모든 방향으로 무한한 3차원 유클리드 연장(extension)으로 이루어진다. 무한하기 때문에 어떤 특별한 위치도 있을 수 없다. 어떤 물체도 이 공간의 '중심'에 있지 않으므로 (정해진 중심은 없다) 우리가 원하는 어떠한 물체(지구, 해 등)를 중심으로 해도 동등한 유클리드 공간을 구성할 수 있는 것이다. 곧 어느 하나도 특별하지 않은, 무수히 많은 상대 공간(좌표계)을 분리해 낼 수 있다. 따라서 관성의 법칙이라는 새로운 자연 운동 개념은 본질적으로 모호해진다. 외부의 힘이 작용하지 않으면 물체는 유클리드 공간을 무한 직진한다. 그렇다면 이 법칙은 어떤 상대 공간에 대해 성립하는가? 또한 시간의 균등한 흐름도 관측되는 물리적 운동(예를 들어 항성의 일주 운동)이 아니다. 이 흐름은 실제로 관측되지 않는 자연 상태인 관성 운동에 의해 결정되므로 시간 개념도 공간 개념과 똑같이 모호해진다. 시간, 공간, 운동 모두 우리 경험과 모호한 관계에 있는 것이다.

이러한 근본적인 문제를 설명하는 한 방식은 근대 물리학에 쓰이는 수학적인 표상이 구체적 감각 경험과 관련해 점점 더 추상화되었다는 것이다. 무한한 뉴턴 공간은 유한한 아리스토텔레스 공간과 달리 감각에 주어지지 않는다. 또한 자연적인 관성 운동도 아리스토텔레스의 사연 운동과 달리 감각에 주어지지 않고, 균등한 뉴턴 시간도 마찬가지이다. 바로 이러한 이유에서 새 물리 이론이 무엇을 말하는지를 분명히 하려면 수학적인 표상을 구체적인 감각 경험과 조율시켜야 하는 새로운 문제가 생기게 된다. 이러한 문제(그 뿌리는 절대 운동 대 상대 운동이라는 근대 물리학 고유의 문제)는 뉴턴이 『프린키피아』에서 운동 법칙을 정식화하고 나서야 풀렸다. 우리 식으로 이해해 보자면 뉴턴의 운동 법칙은 (관성계라고 하는) 특별한 상대 공간 또는 좌표계를 규정하며, 여기에서 시간, 공간, 운동의 근대적 개념은 애매함 없이 적용된다.[5] 따라서 『프린키피아』 3권에서처럼 태양계의 질량중심이 정밀한 근사에 의해 관성계임을 경험적으로 확립할 수 있다. 또한 이러한 계에서 규정된 운동을 절대 운동으로 (물론 정밀한 근사로만) 볼 수 있고, 시간의 균등한 흐름도 경험으로 결정되는 운동에 근사시킬 수 있다(예를 들어 지구의 불균등한 일주 운동은 조수 작용을 고려해 보정할 수 있다).

그러므로 뉴턴 물리학의 운동 법칙은 라이헨바흐가 상대론과 선험에 대한 그의 1920년 책에서 적절히 표현한 대로 조율 원리(조정 공리)이

---

5)  운동 법칙에 대한 이러한 관점은 19세기 후반 칼 노이만(Carl Neumann), 제임스 톰슨(James Thomson), 루트비히 랑게(Ludwig Lange)가 관성계 개념을 밝히고 나서야 분명해졌다. 이에 대한 논의로는 Torretti(1983, 1.5절)와 특히 DiSalle (1991)을 보라. 이러한 관점에서 (그리고 칸트의 관점에서) 뉴턴의 원래 절대 공간 개념을 둘러싼 형이상학적 모호함은, 추상적인 수학 구조와 구체적인 감각 경험을 조율하는 현대물리의 아주 새로운 문제가 충분히 밝혀지지 않았기 때문이다.

다. 이 원리는 뉴턴 물리의 기초에 있는 추상적·수학적 표상(무한한 유클리드 공간, 이 공간에서 등속 운동하는 직선 경로, 등속 운동 상태에서 같은 거리를 가는 데 걸리는 추상적 시간 간격)과 이러한 표상이 적용되는 구체적 경험 현상(예를 들어 태양계에서 관측되는 상대 운동)을 서로 조율하고 대응시키는 규칙이다.[6] 그러한 일반적 조율 규칙 없이는 수학적 표상이 구체적 경험 현상을 맞거나 틀리게 서술한다는 말이 무엇인지조차 모르게 된다.[7] 따라서 뉴턴의 운동 법칙은 뉴턴 물리학의 경험 법칙(중력 법칙)에 대한 전제이며, 그것도 아주 특별한 전제이다. 그 특별한 기능이란 바로 추상적·수학적 표상과 이 표상으로 기술하려는 구체적 경험 현상을 중계하는 일이다. 이로써 조율 원리는 칸트가 처음 확정한 구성 기능을 담당하며 진정한 의미의 구성적 선험이라고 불릴 만하다.

잘 알려진 대로, 뉴턴 물리학 특유의 조율 원리도 시간, 공간, 운동에 대한 물리 이론이 발전하면서 급격히 변모했다. 또한 이들 이론의 기초인 수학적 표상 또한 점점 더 추상화되었다. 이제 무한한 3차원 유클리드 공간 대신 곡률이 변화하는 4차원 (준)리만 다양체와 로렌츠 계량

---

6) 조율 원리는 조작적 정의(operational definitions) 개념과 구분되어야 한다. 조작적 정의는 어떤 구체적 현상을 추상적이고 이론적인 개념과 조율시킨다. 따라서 시간의 균일한 흐름을 정의하기 위해 (지구의 일주 회전과 같은) 어떤 주기 과정이 균일하다고 하면, 이것이 "등간격 시간"에 대한 조작적 정의이다. 반면 "등간격 시간"을 운동 법칙으로 정의하게 되면 그러한 구체적 조율을 제한 없이 수정하고 다듬을 수 있다.

7) 이러한 의미에서 수학적 표상을 경험과 조율하는 새로운 문제는 옛 플라톤의 문제와는 아주 다르다. 플라톤의 문제는 정확한 수학적 표상이 감각 경험에 근사적으로만 구현되는 상황에 관한 것이다. 새 문제는 수학적 표상이 감각 경험에 적용된다는 것이 무슨 의미인지에 관한 것으로, 그것이 올바른지 틀린지, 정확한지 근사적인지와는 무관하다.

부호수가 쓰인다.* 따라서 다양체의 모든 점에서 '빛원뿔'이 정의되어 무한소 영역에서는 특수상대론의 (평평한) 시공간 기하처럼 보인다. 또한 뉴턴 물리의 관성 경로 (특수상대론에서는 거의 변함없이 유지된다) 대신 (준)리만 계량의 4차원 측지선이 새로운 자연 운동 상태를 나타낸다고 본다. 마지막으로 옛 구성틀의 수학적 표상을 쓴 뉴턴의 만유인력 법칙 대신 이제는 4차원 시공간 계량에 대한 아인슈타인의 장방정식이 쓰인다. 이 방정식은 이 계량을 물질에 관한 새로운 수학적 표상(소위 변형력·에너지 텐서)과 관련시켜 표현한다.

시공간과 운동에 관한 이 새 이론(아인슈타인의 일반상대론)의 기초인 추상적 수학 형식은 뉴턴 물리학의 형식보다 한층 더 감각 경험에서 멀어진다. 살펴본 대로 무한한 3차원 유클리드 공간을 구체적인 물리 현상에 적용하는 데는 심각한 애매함이 있었다. 하지만 이 공간을 (칸트처럼) 우리 감각 경험에서 여전히 근본적인 직관의 형식으로 생각할 수도 있었다. 그런데 일반상대론에서 곡률이 변하는 4차원 기하는 완전히 반직관적인 표상으로 일상적인 우리의 감각 경험과 아무런 본질적 관계가 없다. 이러한 이유 때문에 논리실증주의자들과 아인슈타인은 일반상대론이 오히려 힐베르트가 말한 '형식적·공리적' 기하학과 밀

---

* [역주]: 리만 다양체는 미분가능한 다양체로, 각 점에 접하는 평면이 유한차원의 유클리드 공간인 다양체를 가리킨다. 준리만 다양체는 리만 다양체를 일반화한 것으로, 계량값이 리만 다양체처럼 반드시 양은 아니지만 겹치면 안 된다(non-degenerate). 로렌츠 다양체는 준리만 다양체의 특수한 경우로 부호수에 따라 결정된다. 계량 부호수(metric signature)란 계량 텐서(metric tensor)의 고유값(eigenvalues) 가운데 몇 개가 양인지 음인지를 가리키는 말이다. 로렌츠 계량의 경우 부호수는 (1,3)=(+ − − −)으로 (문헌에 따라 (3,1)=(− − − +)을 채택하기도 함), 이에 따라 로렌츠 다양체에서 시공간 벡터는 시간성(timelike), 공간성(spacelike), 그도 아니면 영(null) 벡터로 분류된다.

접한 관계에 있음을 깨달았다. 현대 수학의 공리적 관점은 수학과 감각 경험의 관계를 완전히 뒤집어 수학(기하학 포함)은 순전히 추상적인 관계 및 구조를 다룰 뿐이라는 아주 새로운 견해를 발전시켰다.[8]

수학에 대한 새 관점의 등장으로 추상적 수학 구조와 구체적 물리 현상을 중계해 줄 조율 원리가 더욱 필요해졌다. 따라서 조율을 철학적 문제로 처음 정식화한 이들이 아인슈타인의 일반상대론과 씨름하던 과학적 철학자들이었다는 것도 결코 우연이 아니다. 1920년의 라이헨바흐, 그리고 같은 시기 모리츠 슐리크는 이러한 철학적 문제를 처음 제기하고 해결하려 한 이들이었다. 그들이 똑같이 도달한 해답은 특별한 종류의 비경험적 물리 원리가 있다는 것이었다. 라이헨바흐가 조율 또는 구성 원리, 슐리크가 앙리 푸앵카레를 좇아 규약이라고 한 원리는 바로 문제가 된 추상적 수학 구조와 구체적 감각 경험을 연결시키고 확립하는 일을 한다.[9] 특히 일반상대론의 경우 필요한 조율은 아인슈타인의 두 근본 원리에 의해 확립된다. 빛 원리와 등가 원리가 그것이다. 빛의 속도가 일정하며 광원과 독립이라는 법칙은 구체적 물리 현상과 4차원 로렌츠 (무한소 영역에서는 민코프스키) 시공간 계량을 연결시킨다. 그리고 중력장에서 자유 낙하하는 '시험 입자'가 이 계량 위의 4차원 측지선 경로를 따른다는 법칙에 의해 조율은 완성된다.[10] 그렇다면 아인슈

8) 이러한 발전에 대한 자세한 논의는 Friedman(2001)을 보라. 이 이야기는 실제로 다소 복잡한데, 기하학 기초에 관한 19세기의 중간 단계(특히 헬름홀츠와 푸앵카레)가 있기 때문이다. 이들은 곡률이 상수인 비유클리드 공간이 칸트가 정교화한 기하학의 직관 개념을 일반화한다고 보았다. 아래 2부 4절을 보라.
9) 세부 논의는 다시 Friedman(2001)을 보라. "구성"과 "규약"에 관한 라이헨바흐와 슐리크의 의견 차이에 대해서는 Friedman(1999, 3장)도 보라. 이 차이에 대한 다른 관점과 상대화된 선험 원리에 대한 좀 더 넓은 논의로는 Parrini(1998)를 보라.
10) 이 두 원리가 일반상대론의 경험적 기초에서 어떤 일을 하는지는 특히 Ehlers, et.

타인의 이 두 원리는 뉴턴의 운동 법칙에 상응하는 근본적인 수리물리의 전제로, 이들 원리가 없다면 새 이론의 경험 법칙(상대론적 맥락의 맥스웰 방정식, 아인슈타인의 중력장 방정식)은 경험적인 의미나 쓸모가 전혀 없다.[11]

이로써 우리의 결론은 시간, 공간, 운동을 다루는 수리물리 이론의 구조에 관해 다음과 같은 모습을 제시한다(강의 II에서도 암시했다). 각 이론(뉴턴 역학, 특수상대론, 일반상대론)은 서로 다른 일을 하는 세 부분으로 구성된다. 수학 영역, 역학 영역, 그리고 물리 · 경험 영역이 그것이다. 수학 영역은 문제의 시공간 틀(무한한 유클리드 공간, 4차원 민코프스키 시공간, (준)리만 시공간 다양체)을 기술하기 위한 기본 수학 이론, 표상, 구조를 포함한다. 물리 · 경험 영역에서는 이러한 수학적 표상을 이용해 구체적 경험 현상을 기술하는 정밀한 경험 법칙(만유인력 법칙, 맥스웰의 전자기장 방정식, 아인슈타인의 중력장 방정식)을 세운다. 그런데 이 과정에서 수학 영역과 구체적 경험 현상 사이의 대응을 확립하는 역학 영역의 조율 원리가 필요하다. 그래야만 수학을 써서 나타낸 정밀한 자연법칙이 경험적으로 의미 있게 된다.

이러한 삼중 구조가 갖춰질 때 물리 영역의 자연법칙을 경험적으로

---

*al.*(1972)에서 명확하고 정밀하게 논의된다. 이들 원리는 뉴턴의 운동 법칙에 비해 경험 현상과의 보다 직접적인 조율을 확립하지만 여전히 구체적 조율이나 조작적 정의(주 6)는 아니다. 오히려 이들 원리는 규준이나 이상적인 경우만을 확립하며, 구체적 현상은 극한 과정에서만 이에 접근할 뿐이다. 일례로 길이가 없는 무한소 "시험 물체"만이 4차원 측지선을 정확히 따른다. 특수상대론을 규정하는 빛 원리도 무한소 영역에서만 정확히 성립한다.

11) 여기서 등가 원리를 빼고 "시공간이 물질과 에너지 분포에 의해 결정되는 변곡률을 가진다"라는 말이 무슨 의미일지를 자문해 보면 좋다. 이 점에 관한 훌륭한 논의로는 다시 DiSalle(1995)을 보라.

시험할 수 있다. 그러한 예로 『프린키피아』 3권에서 뉴턴이 기술한 (행성의 섭동까지 포함하는) 태양계나 아인슈타인이 계산한 수성의 근일점 이동이 있다. 하지만 콰인의 전체론은 이 과정에서 수학과 역학 영역도 똑같이 경험적으로 시험된다고 하는 심각한 오류를 저질렀다. 우선이론의 수학 영역은 그 경험에의 적용과 무관하게 결코 경험적으로 시험되지 않는 것이 분명하다. 경험적으로 시험되는 것은 특정 조율이나대응 관계로, 이 관계 덕분에 수학적인 구조를 이용해 어떤 경험 현상에 대한 경험 법칙을 세웠던 것이다. 예를 들어 리만의 다양체론은 일반상대론이나 고전역학(해밀턴 형식)[12]을 형식화하는 데 쓰인다. 하지만 이렇게 (특정 조율 방식에 의해) 물리 이론에 적용된다고 해서 리만의 다양체론 자체가 경험적으로 시험되는 것은 아니다. 다양체론은 어떤 수학적 구조를 순전히 추상적으로 기술한 것이며, 그 이론 고유의 정리와원리는 순전히 수학적으로 정당화된다. 마찬가지로 역학 영역의 조율원리가 같은 과정을 거쳐 시험된다는 생각 또한 오류이다. 반복해서 강조한 대로 그러한 시험 과정은 조율 원리 없이는 아예 성립하지조차 않는다. 예를 들어 아인슈타인의 장방정식은 등가 원리 없이는 경험적으로 시험되지 않는데, 이는 뒤앙 식의 전체론 때문이 아니다. 두 경험적진술(경험 법칙과 이를 시험하기 위한 측정기구 · 실험장치에 관한 진

---

12) 고전역학에 대한 이러한 형식화에서 기저 다면체는 물리 공간이나 시공간이 아니라 배위 공간(configuration space)이다. 이 다면체 위의 리만 측도는 기하학적 거리가 아니라 운동에너지를 나타낸다. 측도의 기능은 계의 위상 공간에서 매개변수가 하나인 자기동형사상(automorphism, 시간에 따른 변화를 나타냄)을 이끌어 내는 것으로, 이 과정에 해밀턴 함수(운동＋위치 에너지)를 (무한소 영역에) 쓴다. 고전역학을 이렇게 형식화하면 양자역학과 비교하기 쉬워진다. Lützen(1995)이 자세히 보여 주는 대로, 이러한 형식들은 해밀턴 역학에 대한 19세기 작업으로 거슬러 올라가며 특히 리만 바로 뒤에 작업한 루돌프 립쉬츠(Rudolf Lipschitz)가 중요하다.

술)을 합해 경험적 예측을 내리는 것이 아니다. 오히려 등가 원리가 빠진 아인슈타인의 장방정식은 추상적인 수학 방정식으로 (준)리만 다양체 일부를 순전히 수학적으로 기술할 뿐 경험적 의미나 쓸모가 전혀 없다.[13]

근본 물리 이론에 적용되는 수학이 점차 추상화되고, 추상적인 수학 구조와 구체적 물리 현상의 조율에 대한 새로운 문제가 생기고, 이 둘을 중계하는 칸트의 구성적 선험 원리가 등장한 것은 모두 동일한 개념적 문제상황의 세 가지 다른 모습이다. 이러한 문제상황을 완전히 무시해야만 비로소 콰인의 전체론에 이를 수 있다. 실제로 콰인은 오로지 수학 기초론의 문제에만 초점을 맞추면서 그의 인식론적 전체론에 도달했다. 근대 수리물리의 기초에는 관심조차 두지 않았던 것이다. 옛 논리주의가 실패하자 콰인은 집합론(추상적 수학 구조에 대한 가장 일반적인 이론)을 논리학에 포함시키지 않음으로써 이에 대응했다. 논리학은 일차·초등 논리와 동일시되며, 집합론은 플라톤주의라는 육중한 '존재론적 개입'과 함께 수학의 일부가 되어 논리학과 구분된다. 하지만 콰인의 이 존재론적 개입은 전통적 유명론, 경험론에 공감하는 그의 철학적 입장에 존재론적, 인식론적 불안을 가중시켰다. 특히 콰인이 '구성적 유명론'의 실패를 인정하자 그만의 인식론적 전체론이 매력 있는 경험주의적 대안으로 떠올랐다. 이제 자연과학 전체는 집합론과 여러 다양한 과학 이론의 조합으로 볼 수 있으며, 이 전체 체계에서 (1차 논리를 써서) 도출되는 여러 경험적 결과들을 가지고 그 체계를 시험한다. 따라서 집합론의 존재론적 개입도 경험에 의해 같은 방법과 정도로 정

---

13) 조율 원리가 경험적 내용이 아예 없다거나 (순수 수학의 경우처럼) 경험적인 시험과 아주 무관하다는 이야기가 아니다. 이 문제는 다음 절에서 더 논의할 것이다.

당화되며, 자연과학의 다른 존재에 대한 설정도 마찬가지이다.[14] 이러한 견해는 물론 현대의 수학 기초론에 관한 논의에서 자극받은 것일지 모른다. 하지만 (이와 상보적인) 현대 수리물리의 기초에서는 우리 논의가 분명히 한 대로 콰인의 견해는 혼란만을 가중시킬 뿐이다.[15]

---

14) 이러한 생각은 Goodman and Quine(1947)의 실패를 인정하면서 시작되어 Quine (1948/53)에서 본격적으로 거론되었고 콰인의 철학 이력 전체에서 중요한 역할을 했다. 예를 들어 Quine(1955/66, VI절), (1960, 55항)을 보라.

15) 인정해야 할 것은 이 모호함에 대한 책임의 상당 부분이 카르납 자신에게도 있다는 것이다. 슐리크와 라이헨바흐의 초기 저작에 두드러진 조율의 문제가 카르납의 언어틀 철학에 이르러 사라졌기 때문이다. 전체 이야기는 복잡하지만 간단히 말해 카르납은 『세계의 논리적 구성』에서 조율의 문제를 그가 구성한 과학의 논리적 체계 내에 통합시키려 했다. 추상적인 수학·논리 체계를 구체적·경험적 실재에 대응시키는 문제 대신에 남은 문제는 어떤 특정 논리·수학 체계 안에서 논리 용어와 기술 용어, 분석 명제와 종합 명제를 구분하는 것이었다. 이것이 이후 『논리적 구문론』의 기획이 되었는데 이는 무엇보다 수학기초론의 문제에서 자극받은 것이다. [이러한 복잡한 이야기의 일부가 Friedman(1999, 특히 1장과 6장의 후기)에 논의되어 있다.] 따라서 콰인이 카르납의 분석과 종합 구분을 거부하자 남은 것은 인식론적 전체론뿐이었다(위의 주 1과 비교하라).

# 2. 선험 원리와 경험 증거

이상과 같이 수리물리 이론을 본다면 구성적 선험 원리라는 틀을 가지고만 경험 법칙을 시험할 수 있다. 아무리 경험 법칙이라고 해도 구성틀 없이는 결국 경험적 내용이 없는 순수 수학의 영역으로 떨어지고 말 것이다. 반면 구성틀이 갖춰지면 경험 법칙을 감각 경험 및 경험 세계와 직접 분명하게 대조할 수 있다. 여러 물리량과 변수값(예를 들어 춘추분의 세차(歲差) 정도나 수성의 근일점 이동)을 계산, 실제로 관측되고 측정된 값과 비교하여 이론과 경험이 일치하는 정도를 정량적으로 파악할 수 있는 것이다. 이러한 과정을 이론(더 정확히는 이론의 경험 법칙)에 대한 증거나 반대 증거로 보는 이유는 이론의 경험적 내용을 보장하는 구성틀을 이미 받아들였기 때문이다.

경험 증거에 대한 이런 견해는 시험되는 이론을 쓸모 있는 도구로만 보는 관점과는 다르다. 이 관점에 따르면 이론은 정확한 예측을 위한 도구로 실제로 적용했을 때의 성공 여부에 따라 수용되거나 거부된다. 예를 들어 뉴턴 물리학자나 아인슈타인 이후 물리학자 모두 일반상대론이 수성의 근일점 이동을 더 정확히 예측한다는 데에는 이견이 없다. 하지만 뉴턴 물리학자 관점에서 일반상대론은 단지 예측을 위한 실용적 도구일 뿐 경험적 실재에 대한 참된 서술은 결코 되지 못한다. 뉴턴 관점에서는 일반상대론의 구성틀이 일관되거나 가능하지 않기 때문이다. 따라서 아인슈타인의 장방정식이 경험적으로 참이라는 말도 의미가 없다. 일반상대론의 구성틀(리만 다양체론, 빛 원리, 등가 원리)이 갖춰졌을 때만 장방정식은 경험적으로 참일 수 있다. 이미 수용된 이러한 틀 안에서만 수성의 근일점 이동이 아인슈타인의 계산에 대한 진정한 경험 증거 또는 반대 증거가 될 수 있는 것이다.[16]

　구성틀은 경험적 가능성(경험적으로 참이거나 거짓일 수 있는 진술)의 공간을 규정한다. 그러한 틀을 놓고 경험적 시험을 해 보면 어떤 가능성이 실현되는지를 알 수 있다. 이러한 가능성 개념에는 원래 칸트의 선험 개념처럼 구별되는 두 측면이 있다. 하나는 순전히 논리적인 가능성 개념으로 이는 우리 구성틀에서 수학이 담당하는 부분이다. 예를 들어 리만의 다양체론이 없다면 일반상대론의 시공 구조는 논리적으로 가능하지 않고 당연히 경험적으로도 가능하지 않다. 그렇다고 이런 의미의 단순한 논리적 가능성이 경험적 가능성은 분명 아니다. 논리적 가능성에 더해 이론의 조율 원리 (빛 원리와 등가 원리) 또한 필요하며 이러한 원리야말로 (단순한 논리적 가능성과 구별되는) 실제적 가능성을 규정한다. 일단 순수 수학 안에 리만의 다양체가 마련되면 아인슈타인의 장방정식은 논리적으로 가능하다. 하지만 그것이 실제로 가능(경험 현상을 서술)하기 위해서는 이러한 추상적 수학 구조가 어떤 경험적 실재와 성공적으로 조율되어야 한다.[17]

---

16) 이 부분은 괴팅겐에서 펠릭스 뮐휠처와 벌인 토론에 빚지고 있다. 지금 문제는 실재론 대 도구주의라는 옛 문제와도 다르다. 예를 들어 뉴턴 물리학자가 일반상대론의 시공 구조에서 겪는 어려움은 관측되지 않는 존재에 대한 염려와는 직접 관련이 없다. 오히려 문제는 시공간 구조 자체가 일관된 가능성조차 아니라는 점이다. '관측'이 되건 말건 이에 대한 일관된 서술조차 불가능한 것이다. 따라서 van Fraassen (1980)이 옛 도구주의와 차별하며 내세운 '구성적 경험주의'는 내가 보기에 여기서 말하는 경험적 증거 개념과 얼마든지 양립할 수 있다.

17) 칸트의 실제적 가능성 개념은 예를 들어 『순수이성비판』 Bxxvi, 주석을 보라. 우리

가능성의 공간은 논리학에서 윌프리드 셀라스(Wilfrid Sellars)가 말하는 논리적 이유의 공간과 짝을 이룬다.[18] 논리적 이유의 공간은 논리적 가능성들 사이에 성립하는 논리적 관계의 그물망으로, 무엇이 어떤 논리적 가능성에 대한 논리적 이유 또는 정당화일지를 규정한다. 내가 말하는 좀 더 좁은 (논리에 더한 실제 가능성인) 경험적 가능성 개념도 마찬가지이다. 수리물리 이론의 구성틀은 경험적 이유의 공간이라 할 만한 것을 만들어 낸다. 이는 논리·수학 원리와 물리의 조율 원리가 함께 만들어 낸 추론과 증거 관계의 그물망으로, 무엇이 어떤 실제적 가능성에 대한 경험적 이유 또는 정당화일지를 규정한다. 예를 들어 리만의 다양체론과 아인슈타인 이론의 조율 원리에서 형성된 추론 관계의 그물망이 먼저 있을 때, 수성의 근일점 이동은 아인슈타인의 장방정식에 대한 경험적 이유나 정당화가 될 수 있다. 이 경험적 이유는 일반상대론을 '블랙박스'와 같은 예측 장치로 사용하는 실용적·도구적 관점보다 더 강력한 것이다.

논리적 가능성과 실제적 가능성의 구분은 원래 칸트의 구성성 개념에 대응한다(주 17 참고). 이로써 우리의 경험적 시험 또는 증거 개념이 옛 가설·연역적 방법보다 더 강력한 이유도 분명해진다. 가설·연역

---

도 바로 칸트 식 개념을 유지하기 때문에 칸트의 구성 원리라는 표현이 여기에 적합하다. 물론 우리 개념과 원래 칸트 개념은 근본적인 차이가 있다. 특히 칸트의 순수 직관 개념과 순수 지성 개념의 '도식화'는 오성이 유일한 (곧 고정된) 구성 원리를 경험에 선험적으로 부과할 수 있다는 뜻이다. (이 얘기는 특히 캐롤 보엘러(Carol Voeller)의 논평 덕분이다.)

18) 이러한 용법으로는 Sellars(1956, 36절)를 보라. 이는 비트겐슈타인이 『논리철학론』에서 말한 '논리적 공간' 개념을 빌려 온 것이다. 셀라스의 '이유의 공간' 개념은 최근 McDowell(1994)에서 부각되었다. 맥도웰의 저작에 대한 내 자신의 응답은 Friedman(1996)을 보라.

적 방법은 형식논리에서 말하는 추론 관계에만 호소한다. 따라서 특별한 조치가 취해지지 않으면 뒤앙과 콰인의 전체론 앞에 쉽게 무너진다. 전체론에 따르면 이론 명제는 논리적 연언의 일부로만 경험 증거를 함축하며, 증거는 이 연언 전체만을 시험한다고 볼 수 있다.[19] 반면 우리 관점에서는 논리·수학 원리만큼이나 물리적 조율 원리가 경험적 증거 관계의 그물망을 이루는 핵심이다. 수성의 근일점 이동은 아인슈타인의 장방정식에 대한 경험적 시험으로 장방정식이 경험적으로 참인 이유이지만, 이것이 등가 원리에 대한 경험적 이유는 아니다. 살펴본 대로 시험 과정에 앞서 등가 원리를 받아들이지 않았더라면 아인슈타인의 방정식에 대한 경험적 증거는 나오지 않았을 것이다. 등가 원리 없는 방정식은 단순한 논리적 가능성일 뿐이다.

그런데 등가 원리가 경험적으로 시험되는 것처럼 보이기도 한다. 특히 잘 알려진 외트뵈시(1889, 1922) 실험에서 시험된다고 한다. 이 실험에서는 추를 이루는 물질은 달라도 작용하는 중력에 의한 가속도는 항상 같다는 결과가 나온다. 이는 모든 물체가 중력장에서 똑같은 경로를 따라 '낙하' 한다는 등가 원리의 요구와 완전히 일치한다.[20] 이 점에서 상대론의 빛 원리 또한 경험에 의해 시험되는 듯하다. 마이컬슨과 몰리(1882, 1887)의 유명한 간섭계 실험이 그것으로, 이 실험에서 지구의

---

19) 그러므로 순전히 논리적 추론 관계에 기초한 증거 개념만 가지고는 콰인의 전체론에 빠지기 쉽다. 이러한 전개 과정은 지적한 대로 카르납의 『논리적 구문론』에서 시작하는데, 내가 바로 위에서 언급한 '특별한 조치' 는 L-규칙과 P-규칙, 분석과 종합 문장 사이의 구분이다. 주 1과 주 14를 보라.

20) 이 점은 주 13에서 꺼낸 얘기로 돌아간다. 특히 '등가 원리의 시험' 이라고 하는 외트뵈시 실험과 기타 관련 실험에 대한 논의로는 Misner, Thorne, Wheeler(1973, 13-9, 1054-63쪽)를 보라. 이 점에 관해 나는 프린스턴에서 프랑크 아른체니우스(Frank Arntzenius)와 고든 벨로트(Gardon Belot)가 해 준 논평에 빚지고 있다.

운동이 빛의 속도에 미치는 영향은 검출되지 않았다. 이 실험은 빛의 속도가 서로 다른 관성계에서 불변이라는 원리, 곧 특수상대론에 처음 쓰인 빛 원리에 대한 가능한 최선의 경험적 시험인 것처럼 보인다. 이렇게 만일 내가 구성적 선험이라고 했던 상대론의 두 원리가 경험적으로 시험된다고 하면, 구성 원리와 경험 법칙의 분명한 구분이 무슨 소용인가? 그러한 원리를 여전히 선험이라고 부르는 것이 무슨 의미가 있겠는가?

이러한 의문은 내가 밝히려는 선험 원리 개념에 중대한 문제를 던진다. 이는 또한 아인슈타인의 상대론이 경험적으로 시험가능한지, 그리고 거기에 어떤 경험 증거가 있는지에 대한 중요한 문제이기도 하다. 그렇다면 이를 좀 더 구체적으로 살펴볼 필요가 있다. 그런데 내가 틀리지 않았다면 동적 구성 원리, 더 나아가 과학에서 개념상의 혁명에 대한 내 견해는 여기서 한층 더 분명해지고 힘을 얻게 된다.

일단 문제가 된 원리들에 경험적 내용이 있음은 인정해야 한다. 만일 외트뵈시 실험에서 서로 다른 물질의 중력 가속도가 다르다고 밝혀졌더라면 등가 원리는 이 결과와 함께 유지되기 힘들었을 것이다. 마이컬슨·몰리 실험의 결과가 영(null)*이 아니었더라면 상대론의 빛 원리 또한 경험적으로 유지되기는 어려웠을 것이다. 이는 더 일반적으로 모든 조율 원리에 대해서도 성립한다. 어떤 경우라도 경험적 제한이 있어야

---

* [역주]: 19세기 물리학에서 빛은 파동으로 절대 공간을 채우고 있다고 생각된 에테르를 매질로 하여 전파된다. 만일 지구가 이 매질 안에서 운동한다면 운동 방향과 반대로 '에테르 바람'이 부는 효과가 있을 것이다. 하지만 마이컬슨·몰리 실험에서는 에테르에 대한 지구의 어떤 상대 운동도 검출하지 못했으며, 이러한 부정적 결과(곧 에테르 효과 없음)를 보통 영(null)이라고 표현한다. 흔한 오해와는 달리 역사적으로 상대론이 이 실험에 기초하여 나온 것은 아니며, 다만 실험 결과와 일관된 원리가 사용된다.

만 하는 것이다. 만일 그렇지 않다면 어떻게 이들 원리가 특정 경험 현상을 수학의 시공간 구조와 조율하는 원래 일을 할 수 있는지가 불분명해진다. 조율 원리는 경험적 실재라는 대응물이 있어야 하며 만일 그런 대응물이 없다면 원리는 경험적으로 공허하고 쓸모없을 뿐이다.[21] 그런데 진정한 문제는 그런 원리가 이 때문에 경험적으로 거짓이 되는가이다. 조율 원리가 경험 법칙이라고 하는 원리처럼 경험적으로 시험되고 확증(반증)되는가?

먼저 상대론의 빛 원리를 살펴보자. 마이컬슨 · 몰리 실험과 기타 관련 실험은 엄밀히 말하자면 빛의 속도가 모든 관성계에서 동일한 불변의 속도임을 보여 주지 않는다. 단지 에테르에 대한 상대 운동이 빛 운동에 어떠한 영향도 없다는 것을 보여 줄 뿐이다. 이 점을 생생히 보여 주는 것이 특수상대론의 경쟁 이론인 로렌츠 · 피츠제럴드의 이론으로, 이 이론은 동일한 경험적 사실을 고전적 시공 구조 안에 흡수시킨다. 로렌츠와 피츠제럴드의 '움직이는 물체에 대한 전기동역학'은 실제로 마이컬슨 · 몰리 실험의 결과를 수용하기 위해 의도적으로 구성된 이론이었다(반면 우리가 알기에 아인슈타인 이론은 이 실험과 완전히 독립적으로 발전한 것이다). 따라서 마이컬슨 · 몰리 실험을 여러 이론 가운데 특수상대론을 경험적으로 지지하는 '결정적 실험'으로 보면 안 된다. 따라서 이 실험은 상대론의 빛 원리에 대한 시험도 아니다.

여기서 문제는 잘 알려진 경험에 의한 과소결정 문제보다도 더 미묘

---

21) 예를 들어 뉴턴의 운동 법칙은 이것이 성립하는 관성좌표계의 존재에 대해 말한다. 만일 이 좌표계를 경험적으로 (적어도 정밀한 근사로) 확립할 수 없다면 뉴턴의 구성 원리는 조율 기능을 전혀 하지 못할 것이다. 뉴턴의 운동 법칙에 경험적 제한이 있다는 생각은 칸트의 원래 견해에서도 참이다. Friedman(1992, 3장 IV절, 4장 II절)을 보라.

하다. 특수상대론과 로렌츠 · 피츠제럴드 이론이 경험적으로 동등하다
면 엄밀한 의미의 경험 증거 말고도 단순성과 같은 방법론적 원칙이 문
제 해결에 도입되어야 한다. 하지만 이것만이 문제는 아니다. 오히려 문
제는 로렌츠 · 피츠제럴드 이론에서 단순한 경험적 사실이었던 것(관성
운동이 빛 운동에 어떠한 효과도 없다는 것)이 아인슈타인 이론에서는
아주 새로운 시공 조율의 기초로 쓰인다는 점이다. 아인슈타인은 빛 원
리를 이용해 아주 새로운 동시성 개념을 경험적으로 정의하며, 그 결과 시
간과 공간(더 정확히는 시공간)에 대한 새로운 계량 구조를 정의할 수
있었다. 한편 로렌츠와 피츠제럴드는 고전적인 시간, 공간, 운동의 배경
구조를 이미 충분히 잘 정의된 것으로 받아들였고, 이후에야 비로소 새
로운 경험적 발견을 특이한 경험적 사실로 고전 구조 안에 추가시켰다.
반면 아인슈타인은 이 고전 구조 전체를 문제 삼고 똑같은 경험적 발견
을 이용해 고전적인 배경과 완전히 무관한 새로운 시간, 공간, 운동의
틀을 경험적으로 정의한다. 바로 이러한 이유에서 푸앵카레를 따르는
이들이 좋아하는 표현대로 아인슈타인은 경험 법칙을 규약의 지위로
'격상시킨' 것이며, 내가 좋아하는 표현대로 하자면 이를 조율 또는 구
성 원리로 끌어올린 것이다.[22] 바로 이 지점에서 비경험적 요소인 '결
정'이 개입한다. 무엇보다 문제는 아주 새로운 시공 구조에 확정된 경험

---

22) 이렇게 경험 법칙을 정의나 규약의 지위로 '격상시킨다는'(특히 푸앵카레에서 자
    극받은) 생각이 Pap(1946)이 말하는 기능적 선험 개념의 핵심이다. (이에 관해 팝
    은 Poincaré(1902/13, 165/125쪽)의 유명한 구절을 표어로 삼는다.) 팝은 내가 조
    율 원리라고 하는 것에 대한 날카로운 논의를 전개하지만(특히 뉴턴의 운동 법칙과
    관련), 어떤 경험 법칙(예를 들어 훅(Hooke)의 탄성 법칙)을 잠시 고정시키고 다
    른 경험적 요소(예를 들어 여러 물질의 탄성 한계)를 분리해 내는 경우와 확연히
    구분하지 않는다. 결국 팝이 말하는 기능적인 선험은 그저 잘 확증되거나 확립된
    것에 불과하며 콰인의 침투 개념과 별다르지 않다.

적 의미를 부여하는 것이기 때문이다. 의미가 부여되지 않은 시공 구조
는 경험적으로 거짓이 아니라 아예 정의조차 되지 않는다.

그렇다고 해도 아인슈타인의 새 조율 방식이 이전의 고전적인 조율
방식보다 낫다고 할 만한 경험적 동기가 없지는 않다. 실제로 전기동역
학에서 관성 운동의 차이를 감지할 수 없다는 새로운 경험적 발견은 매
우 강력한 경험적 동기를 부여한다. 이로부터 새로운 조율을 구상할 수
있고 또한 (아인슈타인이 처음으로 알아차린 대로) 고전적 조율의 타당
성을 의심할 수 있다. 만일 절대적 동시성이라는 고전 개념에 경험적 대
응물이 있었더라면 (전기동역학에서) 절대 속도에 대한 대응물도 있었
을 것이다. 하지만 새로운 경험적 발견은 그러한 경험적 대응물이 없다
고 잘라 말한다(만일 있다면 관성 운동의 차이가 결국 경험적으로 검출
될 것이다). 이에 따라 뉴턴 물리학에서는 경험적으로 문제없이 잘 정
의된다고 가정했던 고전적 시공 구조가 경험적으로 무의미하다고 밝혀
진다.[23] 이는 확실히 아인슈타인이 제시한 새로운 경험적 조율을 선호
할 만한 매우 강력한 경험적인 동기라고 할 수 있다. 하지만 이 상황을
잘 알려진 경험에 의한 과소결정 문제로 보기는 힘들다. 동일한 구성틀
안에서 경험적으로 동등한 두 가설이 서로 맞서 단순성이나 보수성과
같은 방법론적 원칙이 문제 해결에 도입되어야 하는 상황이 아니기 때

---

23) 뉴턴 물리학에서 운동 법칙은 고전적 좌표계 개념에 경험적 의미를 부여하는 것처
    럼 보인다. 특히 제3법칙은 순간적인 원격작용을 허용하며 이는 절대적 동시성을
    경험적으로 구현한다고 한다. 그렇다면 중력 작용 또한 이러한 예일 것이다. 하지
    만 (원격) 중력 작용을 경험적으로 확립하기 위해 (천체 운동을 관측하기 위해) 광
    선을 써야 한다는 문제가 있다. 결국 마이컬슨·몰리 실험으로 부각된 전기동역학
    과 빛의 속도 문제가 생긴다. (이 점에 관해서는 로버트 디살(Robert DiSalle)과의
    토론에 빚지고 있다.)

문이다.[24] 아무튼 이 상황은 경험적 시험이 아니다.

이제 등가 원리를 살펴보자. 아인슈타인이 이 원리를 도입한 것은 이미 특수상대론에서 절대 동시성이라는 고전 개념을 거부한 뒤였다. 이원리를 도입한 결과 순간적인 원격작용, 그리고 절대 동시성(주 23과 비교)을 가정한 뉴턴의 고전적 중력 이론 또한 거부되었다. 그리하여 아인슈타인은 상대론적 시공 구조와 일관된 새로운 중력 이론을 형식화하는 일에 착수했다. 우선 그는 이미 잘 알려지고 확립된 경험적 사실에 초점을 맞췄다. 곧 중력 질량과 관성 질량은 같으며, 따라서 모든 물체는 중력장에서 동일한 가속도로 '낙하한다'는 사실이다.[25] 이렇게 잘확립된 경험적 사실에서 아인슈타인은 중력과 관성이 동일한 현상이라는 '발견을 위한'(heuristic) 원리로 도약했다. 이러한 기초에서 '관성장'(원심력이나 코리올리 힘처럼 관성력이 있는 비관성계에서 생기는 장)인 중력장 모형을 특수상대론의 시공간 안에 구성하여, 결국 비유클리드 기하학이 중력장과 관련이 있음을 알아냈다. 마지막으로 민코프스키가 특수상대론의 평평한 시공간에 끌어들인 4차원 시공간 계량이 중력장을 나타낸다고 보아, 이 계량에서의 시공간 곡률 변화를 아인슈타인 장방정식으로 기술했다. 아인슈타인의 오랜 노력 끝에 일반상대

---

24) 이 점은 팝(주 22)이 논의한 훅의 법칙과 탄성 한계의 예로 설명할 수 있다. 만일 훅의 법칙이 어긋나 보이는 경우가 발생하면, 보수성과 침투 개념에 따라 탄성 한계를 초과했다고 말할 수 있다. 반면 상대론과 로렌츠 · 피츠제럴드 이론이 서로 맞선 경우는 방법론적 원칙이 어떤 도움이 되는지 알기 힘들다. 단순성이라면 상대론 쪽을 택할 것이고, 보수성이나 침투 개념이라면 후자를 택할 것이다. 따라서 방법론에 관한 교착 상태를 벗어나기 힘들다.

25) 이와 관련 Einstein(1916, 2절)은 1889년 외트뵈시 실험을 직접 끌어들인다. 물론 중력장의 이런 성질은 이미 뉴턴 시대에도 잘 알려졌고 『프린키피아』 3권(아래 주 27)의 보편 중력에 대한 논증에서 중요한 역할을 한다.

론은 1915-16년에야 완성될 수 있었다.[26)]

특수상대론과 빛 원리의 경우처럼 아인슈타인은 이미 인정된 경험적 사실을 새로운 조율 원리로 '격상' 시켰다. 반면 뉴턴의 중력 이론에서 중력 질량과 관성 질량이 동일하다는 사실, 그리고 중력장에서 낙하하는 물체의 경로가 물체의 특성과 무관하다는 사실은 기존의 확립된 구성틀에 추가된 (중요하지만) 흥미로운 사실일 뿐이다. 그런데 아인슈타인은 똑같은 경험적 사실을 새 구성틀의 기초로 활용한 것이다.[27)] 특히 새 시공간 틀에서는 중력에 선재하며 이와 무관한 관성 구조란 (따라서 뉴턴 물리의 관성좌표계도) 더 이상 없다. 관성 구조를 경험적으로 정의하기 위한 유일한 방식이 바로 중력장에서의 '자유낙하' 경로를 관찰하는 것이다. 이 경로가 이제 뉴턴 물리학에서 힘이 전혀 작용하지 않는 경로(순전히 가상적인 관성 경로)와 같은 역할을 하며, 다만 중요한 차이는 이 경로가 평평한 관성 구조 대신 곡률이 변화하는 굽은 구조를 규정한다는 것이다. 이렇게 중력은 시공간 기하, 그리고 이론의 구성틀에 직접 흡수된다.

26) Norton(1984/89), (1985/89), Stachel(1980/89)을 보라. 등가 원리에 기초해 비유클리드 기하학이 결정적으로 어떻게 도입되었는지는 아래 4절에서 특히 Stachel(1980/89)을 참고해 추가로 논의한다.
27) 뉴턴은 우리가 등가 원리라고 할 만한 것을 『프린키피아』 1권의 운동 법칙, 계(Corollary) VI에서 정식화한다. 이는 3권의 보편 중력에 대한 논증, 특히 명제 VI과 관련해 중요한 역할을 한다. 이 사실 때문에 중력은 Stein(1967)이 쉬운 말로 '가속 장'이라고 부른 것을 형성한다. 뉴턴의 논증에서 이 사실은 아주 중요하며 칸트는 뉴턴 물리의 기초에 대한 분석에서 이 사실을 운동 법칙과 함께 뉴턴 이론의 구성틀에 속하는 것으로 본 것 같다. 이에 대한 논의는 Friedman(1990), DiSalle(1990)을 보라. 하지만 현대적 관점에서 보면 고전 물리의 관성 구조는 중력과 무관하게 이미 운동 법칙에 의해 결정되며, 이것이 뉴턴 이론과 아인슈타인 이론의 중요한 차이이다.

　그러므로 외트뵈시 실험이나 기타 관련 실험은 등가 원리에 대한 경험적 시험이 아니다. 물론 원리의 경험적 제한을 뒷받침하는 강력한 증거이기는 하다. 중력 질량과 관성 질량은 실제로 같으며 모든 물체는 중력장에서 똑같이 '낙하'한다. 하지만 이러한 (뉴턴 시대에 이미 확립되고 인정된) 경험적 사실 자체가 아인슈타인이 일반상대론에 쓴 등가 원리에 해당하지는 않는다. 등가 원리는 상대론의 근본적인 조율 원리(좀 더 정확히는 조율 원리의 경험적 대응물)로, 여기에는 특수상대론의 빛 원리처럼 '규약' 또는 '결정'이라는 비경험적 요소가 반드시 개입한다.

　등가 원리와 특수상대론의 빛 원리가 비슷한 점은 또 있다. 이는 등가 원리를 기초로 뉴턴 중력 이론의 대안적 형식화가 가능하다는 데서 잘 드러난다. (아인슈타인이 일반상대론을 형식화한 이후 이에 기초해 발견된) 이 형식에서는 옛 뉴턴 이론의 평평한 관성 구조를 버리고 곡률이 변화하는 관성 구조를 채택한다. 이 구조는 일반상대론처럼 '자유 낙하'하는 경로에 기초한다. 하지만 일반상대론과 달리 고전적인 절대 동시성 개념, 그리고 이에 따른 고전적인 시공간 계량 구조는 유지한다. 따라서 옛 뉴턴 중력 이론은 일반상대론과 경험적으로 동등하지는 않지만 (예를 들어 수성의 근일점 이동에 대해 차이가 난다) 이 대안 형식과 옛 뉴턴 이론은 경험적으로 동등하다. 두 이론 모두에서 중력 질량과 관성 질량은 같으며, '자유 낙하'하는 경로는 다른 모든 경로와 분명히 구별된다. 차이점은 이 대안 형식에서 '자유 낙하'하는 경로는 시공간 구조를 조율하는 새 기초가 되는 반면, 옛 뉴턴 형식은 관성좌표계라는 옛 조율을 유지한다는 것이다. 뉴턴 형식에서 관성좌표계는 운동 법칙에 의해 규정되며 이는 중력과 전적으로 무관한 조율·구성 원리이다.[28)]

　뉴턴 중력 이론의 대안적 형식 덕분에 마지막으로 우리는 아주 놀라

운 얘기를 할 수 있다. 이 형식에 기초한다면 일반상대론과 뉴턴 중력
이론을 리만 다양체 이론과 등가 원리라는 하나의 구성틀 안에 묶을 수
있다. 이 틀 안에서 우리는 공통의 실제적 가능성과 경험적 증거 개념을
가지고 뉴턴 이론과 일반상대론을 비교할 수 있다. 그렇게 하면 물론 일
반상대론이 뉴턴 이론보다 증거(한 예로 수성의 근일점 이동)에 의해
더 잘 뒷받침된다. 그런데 놀랍게도 증거가 지지하는 부분이 바로 일반
상대론과 뉴턴 이론의 대안적 형식이 차이나는 부분이다. 곧 절대 동시
성에 기초한 고전적 시공 구조를 대체하는 특수상대론의 (무한소) 민코
프스키 계량 구조가 그것이다. 다시 말해 경험이 더 잘 뒷받침하는 부분
이 바로 특수상대론의 빛 원리이다. 따라서 과학 발전 과정의 한 단계에
서 보통 경험적 시험의 범위 밖에 있다고 생각되는 비경험적 구성 원리
도 다음 단계에서는 바로 그러한 경험적 시험의 대상이 될 수 있다.[29]

---

28) 뉴턴 중력 이론의 대안 형식(수학자 엘리 카르탕(Élie Cartan)이 1923-24년에 처
음 발견)에 대해서는 Friedman(1983, III.4절과 III.8절)을 보라. 어떤 경계 조건이
주어지면 옛 형식을 (애매함 없이) 복원할 수 있다. 예를 들어 '섬 우주(island
universe)에서는 유한한 물질 분포(가령 태양계)가 다른 모든 물질로부터 차단되
어 있다. 이것은 뉴턴의 계 VI(주 27) 때문에 생긴 애매함을 제거하기 위해 운동 제
3법칙을 쓴 것과 같다. Stein(1977, 5절)과 비교해 보라. 이러한 경계 조건이 없다
면 옛 조율(평평한 관성 구조)은 실패하게 되며, 그 결과 새 조율로 나아가는 경험
적 동기가 마련될 수 있다. 빛 원리에 전제된 경험적 사실이 동기가 되어 빛 원리를
특수상대론 조율의 기초로 쓴 것이 바로 이것이다. 그런데 고전적인 경계 조건 아
래서는 옛 조율(운동 법칙에 기초)과 새 조율(등가 원리에 기초) 모두 잘 정의된다.
따라서 빛 원리와 달리 등가 원리 자체는 옛 고전적 조율을 버리거나 의문시할 경
험적인 이유가 되지 못한다.
29) 빛 원리는 일반상대론에서도 여전히 구성 원리이다. 무한소 영역에서 민코프스키
측량 구조를 정의하는 과정에 쓰이기 때문이다. 주 10에서 참조한 문헌을 보라. 실
제로 빛 원리를 경험적으로 시험하는 과정은 시공간 측량 구조에 대한 다른 경험적
조율 방식이 있음을 암묵적으로 가정하고 있다. 예를 들어 (적어도 무한소 영역에

그런데 진정으로 역동적인 선험 개념에 따르면 이러한 일은 일어나야
만 한다.

---

서) 강체와 물리적 시계를 가정할 수 있다. 이는 여기서 논의하기 힘든 미묘한 문제
를 끌어들인다. 관련된 논의로는 Friedman(2001)을 보라.

# 3. 합리성과 혁명

1부의 강의 III에서는 과학적 합리성의 밑그림을 그린 후 이를 쿤의 과학혁명 이론에서 촉발된 논쟁에 적용했다. 쿤은 자기 입장을 개념 상대주의라고 본 비판자들에 맞서 좀 더 보편적인 옛 과학적 합리성 개념을 옹호하려 했다. 나는 그의 시도가 실패라고 주장했고 대신 철학자 위르겐 하버마스에서 따온 의사소통 합리성이라는 개념에 기초해 합리성을 옹호하려 했다. 쿤은 하버마스가 말하는 의사소통 합리성이 아닌 도구적 합리성에 매달림으로써 실패한 것이다. 쿤의 과학혁명 이론이 제기한 진짜 문제는 바로 의사소통의 문제이다. 서로 다른 구성틀 또는 패러다임은 의사소통 합리성에 대한 공약·번역불가능한 기준을 내세우는데, 이 기준 때문에 개념 상대주의가 위협으로 다가오는 것이다.

이 점이 2부 2절 처음의 논의로 분명해졌기를 바란다. 의사소통 합리성의 기준은 내가 가능한 경험의 공간 또는 경험적 이유의 공간이라고 한 것에서 마련된다. 가능한 경험의 공간을 규정하는 구성 원리(수학 원리와 조율 원리)에 합의한다는 것은 어떤 가능한 경험에 대한 이유나 정당화가 무엇일지에 합의하는 것이다. 따라서 구성틀을 공유하면 서로를 이해할 수 있는 합리적 토론이 손쉽게 이루어진다. 물론 토론의 결과에 반드시 합의하거나 동의한다는 보장은 없다.[30] 예를 들어 아인슈

---

30) 의사소통 합리성에서 필요한 합의는 상호 이해에 대한 동의, 곧 서로 간의 합리적

타인의 새 구성틀(리만의 다양체 이론과 등가 원리로 규정된 틀)을 공유한다면 수성의 근일점 이동이 뉴턴의 만유인력 이론과 아인슈타인의 새 중력 이론의 경험적 시험이라는 것에 동의할 수 있다. 물론 이러한 시험이 결정적인지는 의문의 여지가 있다. 어떤 계통오차나 다양한 보조 가설을 이유로 뉴턴 이론을 유지할 수 있기 때문이다. 반면 새 구성틀이 마련되기 전까지는, 아인슈타인의 새 중력 이론이 경험적으로 가능하지도 않으며 경험적 시험이나 정당화 또한 가능하지 않다. 이론의 결과에 대한 논쟁은 생기지도 않는다.[31]

아인슈타인이 올바로 계산한 수성의 근일점 이동을 일반상대론 장방정식의 진정한 경험적 시험으로 보려면 먼저 관련된 경험적 이유나 정당화 개념을 규정하는 구성틀에 합의해야 한다. (고집 센, 아니면 단순 무식한 뉴턴 물리학자 같이) 그러한 틀을 받아들이지 않는 이들, 곧 아인슈타인의 중력 이론이 경험적으로 가능하지조차 않다고 보는 이들은 새 이론을 '블랙박스'와 같은 예측 장치로만 받아들일 수 있을 뿐이다. 이렇게 새 이론을 단순한 예측 도구로만 받아들이는 일이 하버마스가 말하는 도구적 합리성일지 모른다. 아니면 이론은 경험하는 환경에서 살아남는 데 유리한 실용적 '적응'의 결과일지도 모른다. 하지만 그러한 이론은 의사소통 합리성의 대상이 아니다. 증거에 기반해 토론하고

---

숙고 방식에 대한 (최소한의) 동의이다. 그렇다고 모든 것에 동의할 필요는 없으며, 그렇게 많이 동의할 필요도 없다. 이 점에서 공유된 의사소통 합리성의 기준을 공유된 논리 원칙과 비교하면 적절할 것이다(물론 위에서 지적한 대로 경험·자연과학에서 그 기준은 형식논리나 수학의 원리를 훨씬 넘어선다).

31) 다시 말하지만 이것이 뒤앙의 경험에 의한 과소결정과 진정한 과학혁명의 중대한 차이이다. 구성 원리와 경험 증거 사이의 간격은 경험에 의한 과소결정에서 생기는 것과는 아주 다르다. 바로 경험적 정당화나 이유 개념이 문제가 되기 때문이다. 주 22, 주 24와 비교하라.

서로를 합리적으로 이해하기 위한 도구가 되지는 못하는 것이다. 쿤은 개념 상대주의의 위협에 맞서 과학적 합리성을 옹호했지만 실망스럽게 도 상이한 두 합리성 개념을 구분하지 않았다. 특히 '퍼즐 풀이' 능력이 과학혁명 또는 패러다임 전환을 거치면서 문제없이 증가한다는 얘기는 순전히 실용적인 도구로서의 성공만을 가리키는 것으로 이에 대해서는 뉴턴 물리학자건 아인슈타인 물리학자건 이의가 없다.[32] 단순한 도구로 서의 성공이 패러다임을 거쳐 누적된다는 생각은 전혀 문제가 되지 않 는다. 그렇지만 쿤의 역사 기술이 제기한 과학적 합리성의 진짜 문제는 그대로 남아 있다.

　쿤에 따르면 과학혁명에서 이어지는 패러다임은 서로 공약·번역불 가능하다. 이전 패러다임의 과학자는 이후 패러다임을 이해하지조차 못하는 것이다. 쿤은 이어지는 패러다임을 서로 다른 문화 전통에 속하 는 격절된 언어에 비교한다.[33] 바로 이 지점에서 개념적 상대론의 위협 이 고개를 든다. 한 패러다임에서 합리적으로 받아들일 만하다고 해도 다른 기준에서 (다른 '논리'에 따라) 보자면 전혀 그렇지 않을 수 있는 것이다(우리 예를 보면 뉴턴의 구성틀에서는 아인슈타인의 중력 이론 을 합리적으로 받아들일 만하지 않다). 나중의 패러다임이 단순한 도구 로 거둔 성공에 문제가 없다고 해도 이 문제에 대한 답은 되지 않는다.

---

32) 쿤은 퍼즐 풀이의 목적이 "현상과 믿음 사이의 일치"를 확립하는 것이라고 한다. 그런데 여기에 치명적인 애매함이 있다. 이것이 단순히 성공적인 계산을 가리킬 수 도 있고, 이미 수용된 구성틀이나 패러다임을 놓고 이루어지는 진정한 경험적 시험 일 수도 있기 때문이다.
33) 패러다임 간의 공약불가능성에 대한 이러한 생각이 『과학혁명의 구조』 2판(1970) 후기 5절에서 개진되었다. 쿤은 Quine(1960)이 형식화한 원초적 번역의 문제를 직접 언급한다.

오히려 문제는 더 근본적인 의사소통 합리성의 영역에서 발생한다고 보기 때문이다.[34]

그렇다면 우리 과제는 서로 다르며 공약불가능한 '논리적 공간'을 배경으로 하나의 과학 패러다임 또는 구성틀에서 다른 틀로 넘어가는 혁명이 어떻게 의사소통 관점에서 합리적일 수 있는지를 설명하는 일이다. 더욱이 우리는 상대화되었지만 여전히 구성적인 선험 개념을 받아들이기 때문에 이 문제가 더 어렵게 느껴진다. 우리 입장은 진정한 과학혁명에서 이어지는 패러다임이 서로 번역불가능하다는 쿤과 어느 정도 일치해야 하기 때문이다. 앞선 패러다임에서 보면 나중의 패러다임은 일관된 가능성조차 되지 못한다. 그렇다면 어떻게 나중의 구성틀을 받아들이는 것이 (의사소통 관점에서) 합리적일 수 있는가? 특히 나중의 틀을 뒷받침하는 경험 증거가 어떻게 있을 수 있는가?

강의 III에서 논의한 틀 또는 패러다임 사이의 수렴(convergence)은 이러한 질문에 대한 답의 첫 부분이다. 그러한 수렴이 이루어지는 한, 혁명 후 가능성의 공간이 이전의 공간보다 넓어졌다고 볼 수 있기 때문이다. 따라서 나중의 구성틀은 이전의 틀을 (근사에 의한) 특수한 경우로 포함한다. 실제로 구성틀의 순전히 수학적인 부분만을 보면 이후의

---

34) 의사소통 합리성을 과학적 합리성이나 과학혁명 이론과 관련시켜 이야기하는 것은 하버마스 자신의 입장과는 거리가 멀다. 하버마스는 과학적 합리성을 의사소통 합리성이라기보다 "인지적·도구적 합리성"이라고 부르기 때문이다. 특히 하버마스는 쿤과 마찬가지로 순전히 도구적이고 실용적인 과학적 시험 개념과 구성틀에 대한 사전 동의를 강조하는 진정한 (의사소통 관점의) 합리성 개념을 구분하지 않는다. 이렇게 수학이나 과학 지식이 합리적 의견일치나 간주관적 의사소통에 크게 기여하는 바를 무시한다는 점에서 하버마스 자신은 칸트 이후의 관념론 전통에 서며, 이는 자연과학(Naturwissenschaften)의 '실증주의'적 오만에 맞서 정신과학(Geisteswissenschaften)을 옹호하려 한 전통이다.

원리들이 이전의 원리를 꽤 정확히 포함한다는 강력한 결과들이 있다. 수학에서 가능성의 공간은 연속적으로 (단조적으로) 확장되는 것이다. 예를 들어 17세기에 발달한 미적분과 해석기하학에서는 옛 유클리드 기하의 정리와 원리가 그대로 보존됨과 동시에 유클리드 기하를 훨씬 넘어서는 (자와 컴퍼스만으로 구성되지 않는) 다양한 곡선 및 도형에 대한 정리 및 원리가 추가되었다. 다른 예로 19세기 후반부에 발달한 리만의 다양체론 또한 유클리드 기하를 아주 정확히 특수한 경우(곡률이 0인 3차원 다양체)로 포함하며, 다양한 범위의 대안 기하(모든 차원의 경우와 곡률이 상수거나 변수인 경우)가 추가되었다. 순수 수학에서의 혁명적 전환은 놀랍게도 소급적(retrospective) 의미의 의사소통 합리성을 연속적으로 (다시 말해 단조적으로) 보존한다. 나중 단계의 학자는 언제나 앞선 단계의 모든 결과를 (자기 나름의 방식대로) 이해하고 합리적으로 정당화할 수 있는 위치에 있는 것이다.

하지만 수리물리에서의 상황은 좀 더 복잡하다. 그 이유는 첫째로 정확한 포함 관계가 아닌 근사적인 관계만을 다루며, 둘째로 논리·수학적 가능성뿐만이 아닌 실제적 (경험적) 가능성을 따져야 하기 때문이다. 실제적·경험적 가능성의 공간이 연속적으로 (단조적이지는 않게) 증가한다면 한 단계에서 구성적이었던 원리가 나중 단계에서는 단순한 경험 법칙의 상태로 옮겨 갈 수 있다. 바로 이런 현상 때문에 수학적 자연과학에서의 혁명적 전환이 개념 상대주의라는 훨씬 더 심각한 문제를 일으키는 것 같다.

이 두 가지 상황은 뉴턴 중력 이론에서 일반상대론으로 넘어갈 때 분명히 드러난다. 일반상대론에서 고전적 뉴턴 이론을 특수한 근사적 경우로 엄밀히 유도하기 위해서는 두 단계를 구분할 필요가 있다. 먼저 일반상대론의 시공간 구조에서 2부 2절 끝에서 논의한 뉴턴 중력의 대안

적 형식을 유도한다. 빛의 속도를 무한대로 보내면 일반상대론의 시공
간 다양체 위의 모든 점에 위치하는 빛원뿔 구조가 각 점에서 뉴턴의 절
대 동시성의 평면으로 붕괴한다. 그 결과는 곡률이 변화하는 4차원 뉴
턴 시공간 구조로, 이는 굽은 시공간 경로 또는 측지선('자유 낙하'하는
경로)에 미치는 중력 효과를 나타낸다. 반면 절대 동시성의 평면에서 3
차원 공간만의 구조는 여전히 유클리드의 평평한 구조이다.[35] 이 형식에
서 고전적인 뉴턴의 운동 법칙은 없으며, 특히 관성의 법칙은 등가 원리
로 대체된다. 하지만 둘째 단계에서는 옛 뉴턴 중력 이론의 형식을 현대
의 (일반상대론 이후의) 대안 형식에서 복원해 낸다. 현대적 형식의 시
공간에서 상대적으로 고립된 물질 분포를 고려하면 그 질량중심(어떤
절대 동시성의 평면에서도 완벽히 정의됨)은 고전적 (4차원의 평평한)
관성 경로를 따른다고 볼 수 있다. 이 특수한 경우에 한해 고전적인 뉴
턴의 운동 법칙은 모두 성립하며, 중력 효과도 고전적 역제곱력에 상당
하는 고전적 가속도로 다시 나타난다.[36]

   아인슈타인의 구성틀에서 소급해 보면 2부 2절의 끝에서 논한 대로
일반상대론의 장방정식과 고전적인 뉴턴의 중력 법칙은 동일한 경험적
이유의 공간 안에서 선택할 수 있는 경험적 가능성들이다. 이러한 공통
의 구성틀(리만의 다양체론과 등가 원리로 주어진 틀)에서 (수성의 근
일점 이동과 같은) 경험적 증거는 분명히 아인슈타인 이론을 지지한다
고 볼 수 있다(물론 경험에 의해 과소결정될 수 있다). 다시 말해 이 증
거는 빛의 속도(더 일반적으로는 인과적 신호가 전파되기 위한 불변의

---

35) 직관적으로 보아 빛원뿔 구조가 절대 동시성의 평면으로 '붕괴'하면 모든 공간 곡률
   이 '튀어나온다.' 이 극한 과정을 엄밀히 논의한 Ehlers(1981), Malament(1986)를
   보라.
36) 둘째 단계에 대한 더 자세한 논의는 위의 주 28과 거기에서 참고한 문헌을 보라.

한계 속도)가 불변하며 실제로 유한하다는 증거이다. 순수 수학에서와 마찬가지로 새 틀의 소급적 관점에서는 옛 틀을 (재구성해) 이해할 수 있고, 경험적 증거가 옛 이론보다는 새 틀에서 정식화된 새 이론을 뒷받침한다고 볼 수 있다. 또한 옛 이론이 어떤 잘 정의된 특수한 경우 (빛보다 상대적으로 느린 속도, 상대적으로 고립된 물질 분포에서) 매우 정밀한 근사로 성립함을 보일 수 있다(물론 새 틀의 관점에서).

수리물리와 순수 수학과의 차이점이 소급적 포함 관계가 근사적이라는 것만은 아니다. 핵심은 새 구성틀에서 쓰이는 완전히 다른 구성 원리이다. 특히 아인슈타인 이후 재구성된 뉴턴의 중력 이론은 등가 원리가 주된 조율 원리인 반면, 원래 뉴턴 이론의 형식은 고전 운동 법칙에 기초한다. 또한 원래 뉴턴 이론의 형식에서 고전 운동 법칙은 구성적 선험인 조율 원리이고, 등가 원리는 이에 덧붙여진 비구성적 경험 원리인 데 반해, 아인슈타인 이후 재구성된 형식에서는 등가 원리야말로 구성적 선험이고 고전적 경험 법칙은 어떤 특수한 경험적 상황에서만 성립하는 경험적 조건일 뿐이다. (엄밀히 말해 고전 운동 법칙은 아인슈타인 이후 관점에서는 경험적으로 타당하지도 않다.) 따라서 우리는 고전적 구성틀 자체가 아니라, 완전히 다른 구성틀 안에서 고전적 틀에 해당하는 경험적 대응물을 복원했을 뿐이다. 따라서 구성틀 자체는 특수한 경우로도 보존되지 않는다.

지금까지 과학혁명에서 이어지는 틀이 공약·번역불가능하다는 쿤의 주장을 나름대로 이해했다고 믿는다. 새 틀은 옛 틀로 번역될 수 없는데 그 까닭은 단지 새 틀에 쓰인 개념이 옛 틀에 없기 때문이다. 예를 들어 비유클리드 기하가 창안되기 전까지는 수리물리에서 공간(또는 시공간)의 곡률이 변한다는 생각을 형식화할 길이 없었다. 같은 예에서 알 수 있는 대로, 이는 순수 수학의 혁명적 전환에서도 성립하는 말이다. 물론 순수 수학에서는 (고전적 유클리드 기하 같은) 이전의 개념틀은 언제나 (리만의 다양체론 같은) 이후의 틀로 번역될 수 있다. 반면 수리물리의 조율 원리의 경우는 상황이 아주 다르다. 새 구성틀의 새 조율 원리(예를 들어 등가 원리)로 넘어가려면 바로 이전 구성틀의 옛 조율(같은 예에서 운동 법칙)을 포기해야만 한다. 옛 틀에 들어 있던 조율 원리는 그저 경험 법칙으로만 (근사적으로) 성립하며, 바로 이런 이유에서 옛 구성틀은 온전히 복원되지 않는다. 옛 구성틀을 새로 확장된 가능성의 공간에 포함시키면 그 구성 (가능성을 규정하는) 기능이 사라진다.[37]

이 점에서 쿤의 과학혁명 이론(특히 공약불가능 개념)이 제기한 가장 중요한 문제는 아주 새로운 조율 원리에 기초한 새 구성틀로 넘어가는 일이 어떻게 (의사소통 관점에서) 합리적일지를 설명하는 것이다. 옛 구성틀의 관점에서 새 틀은 (경험적으로) 가능하지도 않다. 그렇다면 그러한 급격한 전환에 어떤 합리적 동기가 있을 수 있으며 이를 어떻게 합리적으로 이해할 수 있을까? 일단 이 전환에 대해 과학자들이 협의할 수 있다면 나머지 얘기는 비교적 간단해진다. 새로운 경험적 가능성의 공간이 마련되면 (곧 그 실제적 가능성이 수용되면) 새 구성틀을 놓고 경험적 시험을 쉽게 할 수 있고 새 틀의 경험 법칙과 (재구성된) 옛 틀의 경험 법칙을 다른 정도로 확증할 수 있기 때문이다. (소급해 보면 새 경험 증거는 새 이론을 확증한다.) 하지만 살펴본 대로 이러한 절차가

---

37) 이것이 옛 틀에서 새 틀로 이동할 때 "의미 변화"가 생긴다는 말이다. 똑같은 용어나 원리가 새 틀에 등장한다고 해도 그 의미는 옛 틀에서와 다르다. 더 이상 구성 기능을 하지 않기 때문이다. 비슷한 결과가 카르납의 언어틀 이론에서도 성립한다. 분석에서 종합으로 지위가 변하면 그 의미도 마찬가지로 변한다(하지만 주 15와도 비교해 보라).

지금의 문제를 해결하지는 못한다. 처음에 새 가능성의 공간으로 넘어가는 일이 어떻게 (의사소통 관점에서) 합리적인지 설명하지 못하기 때문이다. 합리적인 경험 증거란 이미 확립된 새 구성틀을 전제하며 새 틀을 받아들이면 옛 틀은 포기해야 한다. 그렇다면 문제는 가령 아인슈타인의 새 중력 이론을 옳다고 받아들이는 일이 왜 합리적인지를 설명하는 것이 아니다. 이러한 문제는 일단 아인슈타인의 등가 원리로 마련된 새 조율 방식만 갖춰지면 비교적 간단히 해결된다. 오히려 문제는 아인슈타인의 중력 이론이 어떻게 처음으로 합리적이고 정당한 가능성이 되는지 설명하는 것이다. 곧 그것이 어떻게 처음으로 유효한 선택지가 되는지 설명해야 한다. 아인슈타인의 새 이론이 참임을 보여 주는 경험 증거(수성의 근일점 이동과 같은 증거)가 확실하다고 해도, 이 증거는 이론의 실제적 가능성에 관한 문제는 건드리지도 않고 건드릴 수도 없다.

먼저 알아 둘 것은 문제가 된 공약·번역불가능성을 해명하기 위해 쿤이 든 이질적 언어 공동체의 비유가 전적으로 부적절하다는 것이다. 과학혁명에서 이어지는 개념틀을 격절된 언어나 문화 전통에 비교할 수는 없는 일이다. 새 틀은 옛 틀이라는 배경을 의식해서 전개되기 때문이다. 바로 이 때문에 정밀 수리과학에서는 이전 틀을 특수한 경우로 (정확히 아니면 근사로) 복원하는 일이 중요해진다.[38] 새 틀이 옛 틀과 공약불가능할지라도 최소한 지적 가능성의 공간이 넓어진다는 점에서는 이전 틀의 확장이자 발전이라고 할 수 있다. 이 점에서 과학혁명에서

---

38) 이 현상은 정밀 수리과학만의 특징인 것 같다. 문화나 지적 생활의 다른 분야에서는 대체로 중대한 문화적·지적 혁명의 순간에 이전 전통을 보존하거나 복원하기보다 이를 과감히 깨고 나오는 것이 중요하다. 이는 철학사에서도 마찬가지이다. 반면 정밀 수리과학에서는 가장 근본적인 지적 혁신도 근본적인 복원 노력과 함께 이루어진다.

이어지는 개념틀은 강의 III에서 말한 대로 한 언어나 문화 공동체 안에서의 여러 발전 단계와 비슷하며 서로 완전히 분리된 전통에 속한 이질적 언어와는 다르다.

이렇게 패러다임 간 수렴을 거쳐 확립되는 이어지는 개념틀 사이의 관계는 살펴본 대로 소급적인 관계이다. 새로운 틀의 관점에서만 이전 틀을 특수한 경우로 볼 수 있으며, 이에 따라 지적 가능성의 공간도 진정으로 확장된다고 (그러면서도 될 수 있는 한 이전 것을 보존한다고) 볼 수 있다. 이제 퍼즐의 나머지 조각은 패러다임 간 (의사소통) 합리성을 미래를 내다보며 설명하는 일이다. 이전 틀의 관점에서 이후 틀로 나아갈 수 있는 (의사소통 관점의) 합리적 경로가 있겠는가? 앞서처럼 이 문제를 공통의 언어나 문화 전통 안에서의 다른 발전 단계로 보는 것이 올바른 방향 같다. 순전히 소급적인 수렴 개념에 더해, 새 구성틀의 개념이나 원리가 이전 구성틀의 개념이나 원리를 특수한 경우로 (정확히 아니면 근사로) 포함하면서도 이전 개념이나 원리와 자연스럽게 이어지면서 전개된다고 할 수 있다. 새 구성틀은 옛 구성틀을 의도적으로 수정하고 변형시킨 것이며, 공통의 관심 문제나 개념 상황을 배경으로 발전한 것이다. 새 틀의 과학자가 옛 틀과 공약·번역불가능한 언어를 말한다 해도 옛 틀의 과학자에게 합리적으로 호소할 수 있는 위치에 있다. 그리고 이를 위해 바로 그 옛 틀에 이미 있던 경험적·개념적 자원을 활용할 수 있다.

예를 들어 일반상대론의 기초인 새 조율 원리(빛 원리와 등가 원리)를 도입했을 때 아인슈타인은 고전 수리물리라는 아주 다른 구성틀을 의식하면서 작업했다. 고전적 배경 없이 그 작업은 아무 의미가 없다. 아인슈타인은 특수상대론의 빛 원리를 도입하며 두 가지를 당연한 것으로 여겼다. 하나는 당시에 형성된 '움직이는 물체의 전기동역학' 전

3. 합리성과 혁명  **153**

통(로렌츠, 피츠제럴드, 푸앵카레)이며, 다른 하나는 고전 뉴턴 역학에서 절대 대 상대 운동의 문제를 해명한 19세기 후반 관성계 개념에 대한 작업이다(위의 주 5를 보라). 이로써 아인슈타인이 도입한 빛 원리는 상대성 원리와 뗄 수 없는 관계가 되었으며, 절대 대 상대 운동 문제에 대한 17세기 이래의 탐구 전통을 자연스럽게 이어간다고 볼 수 있다. 또한 2부 2절에서 지적한 대로 아인슈타인은 이미 잘 확립된 경험적 사실(광학이나 전기동역학과 같은 경험적 수단으로는 서로 다른 관성계를 구별할 수 없다는 사실)을 끄집어내어 이를 규약 또는 조율 원리의 지위로 '격상시켰다.' 이전에는 아무도 몰랐지만 아인슈타인이 최초로 깨달았던 것은 이렇게 이미 잘 확립된 경험적 사실에 기초해 시공간 구조를 새롭게 조율할 수 있다는 것이었다. 이로써 아인슈타인 이전에는 모두가 당연시한 옛 고전적 조율 방식(운동 법칙과 즉각적인 원거리 작용에 기초)에 문제가 있음도 깨달았다(위의 주 23을 보라).

등가 원리의 경우도 마찬가지 얘기가 성립한다. 물리에는 근본적인 자연 운동 상태가 있고 자연 상태에서의 이탈은 외부의 힘 때문이라는 생각은 고대의 아리스토텔레스까지 거슬러 올라간다. 또한 살펴본 대로 고전 물리의 자연 운동 개념은 아리스토텔레스의 개념이 갈릴레오의 손에서 연속적으로 변형되며 나온 것이다. 자연 운동은 고전적 관성 개념으로 포착되며, 이 자연 상태에서의 이탈을 설명하는 것이, 뉴턴이 그의 운동 법칙으로 확립한 정밀한 수학적 힘 개념이다.[39] 이로써 근대의 자연 운동 개념은 수학적 시공간 구조를 감각 경험과 조율하는 기초가 되었다. 그런데 이미 고전 물리에서는 중력과 관성 사이에 밀접한 관련(중력 질량과 관성 질량의 등가성)이 있었다. 이것은 마치 부차적인

---

39) 뉴턴 식 힘 개념의 복잡한 발전사에 대해서는 Westfall(1971)을 보라.

경험적 사실(운동 법칙으로 이미 확립된 조율에 덧붙여진 사실)처럼 등
장하지만 뉴턴의 중력 이론에서는 실제로 아주 중요한 일을 했다(주 27
을 보라). 아인슈타인은 다시 한 번 이렇게 이미 확립된 경험적 사실을
전혀 새로운 시공간 구조의 조율 원리로 '격상시켰다.' 이로써 아인슈
타인은 아주 새로운 자연 운동 개념을 만들어 냈다(특히 중력은 뉴턴
식의 외력으로 나타나지 않는다). 그렇다고 해도 이 새 개념은 이전 개
념과 자연스럽게 이어지며 발전한 것이다. 마지막으로 아인슈타인은
중력과 관성의 관계에 대한 자신의 아주 새로운 개념을 절대 대 상대 운
동의 문제, 곧 특수상대론에서 원래 논한 문제에 대한 오랜 사유 전통
안에 위치시켰다.[40]

　두 근본 조율 원리 모두에서 아인슈타인은 이미 인정된 경험적 사실
과 이미 확립된 개념적 문제 및 자원에 호소했다. 아인슈타인의 노력으
로 앞선 물리학의 종사자들은 아주 새로운 조율을 도입한 그를 이해할
수 있었으며, 기꺼이 이를 인정하고 진정한 대안으로 고려할 수 있었다.
그렇다고 새 패러다임을 받아들여야 할 합리적 의무가 생기는 것은 아
니다. 패러다임의 수용이라는 강한 결과는 우리가 초점을 맞춘 의사소
통 합리성의 영역 안에서는 필요하지 않다. 새 틀을 단지 합리적 (실제
적) 가능성, 곧 정당하고 믿을 만한 진정한 선택지로 받아들이게 하는
것만으로도 절반 이상의 성공이다.

---

40) 여기에는 상당히 위험한 개념상의 함정이 있다. 잘 알려졌듯이 일반상대론은 원래
　　아인슈타인이 꿈꾼 "상대론적" 야심을 완전히 구현하지는 못한다. 이 점에서 일반상
　　대론은 특수상대론(그리고 고전 이론)의 상대성 원리에 대한 "확장"은 아닌 것이다.
　　물론 중력 가속도는 등가 원리에 흡수되어 전통적인 절대 대 상대 운동의 문제가 명
　　확히 밝혀진다. 이 문제에 대한 논의는 예를 들어 Friedman(1983, V.4절과 V.5절)
　　을 보라.

과학혁명 기간에 아주 다른 개념틀로 넘어가는 데에는 철학 고유의 성찰이 특별한 일을 한다고 했다. 또한 그러한 혁명에 작용하는 서로 다른 사유와 담론의 수준을 구분해야 한다고 했다. 이러한 설명에 따르면 이미 구분한 두 수준인 경험 법칙과 구성적 선험 원리(조율 원리와 수학 원리)는 변화하는 과학 패러다임 안에 들어간다. 그리고 이 둘로부터 고유한 철학적 성찰이 이루어지는 셋째 수준인 메타과학 수준을 구별할 필요가 있다. 이것이 메타패러다임 또는 메타틀로, 이 수준에서는 철학이라는 학문의 성격상 (의사소통) 합리성에 관한 일차 과학 패러다임 정도의 일치를 보기는 힘들지만, 혁명적인 패러다임 전환 과정에서도 (의사소통) 합리성이 전달되도록 중개하는 중요한 일을 한다. 특히 앞에서 이후 과학 패러다임의 개념과 원리가 이전 패러다임과 '자연스럽게 이어지며' 발전한 것이라고 했을 때, 철학적 메타패러다임을 고려하면 이 혁명적 전환 기간을 자연스럽고 합리적이며 정당한, 연속된 과정으로 보기가 쉬워진다.

2부 3절 끝에서는 아인슈타인이 이전의 (고전) 수리물리 패러다임에 속한 과학자들에게 합리적으로 호소했다고 했다. 아인슈타인는 새 조율 원리를 절대 대 상대 운동이라는 17세기 이래의 오랜 사유 전통 안에 위치시켰다. 그런데 이러한 사유 전통 자체는 주로 철학에 속한 것이다. 이것을 잘 보여 주는 것이 이 문제를 둘러싼 논쟁이 많은 부분 해결되지 않고 오늘날까지도 이어진다는 점이다. 예를 들어 17세기에 데카르트, 호이겐스, 라이프니츠 같은 여러 '자연철학자'들은 기계론 철학이라는 일차 과학 패러다임에는 동의하면서도 절대 대 상대 운동의 문제에 대해서는 동의하지 않았다.[41] 뉴턴은 부분적으로나마 바로 이 논쟁에 자극받아 아주 다른 일차 과학 패러다임(운동 법칙과 즉각적인 원거리 작용에 기초)을 발전시킨 것이다. 또한 뉴턴은 절대 대 상대 운동의 문제에서도 아주 새로운 답을 내놓았다.[42] 18세기에 뉴턴의 일차 과학 패러다임이 논쟁의 여지없는 성공을 거두었을 때에도 이 문제와 그에 대한 논쟁은 여전히 이어졌다. 영국의 정통 뉴턴주의자인 새뮤얼 클라크와 대륙의 비정통 뉴턴주의자인 레온하르트 오일러 및 임마누엘 칸트가 이 문제에 대해 이견을 보인 것에서도 알 수 있다.[43] 19세기에는 에른스트 마흐가 이 철학적 논쟁을 이어 갔으며, 노이만, 톰슨, 랑게(위의 주 5를 다시 보라)는 작은 과학혁명이라고도 할 수 있는 관성기준틀 개념을 발전시켰다. 지적한 대로 바로 이러한 19세기의 배경을 놓고 아인슈타인이 이 문제를 다시 끌어들인 것이다. 아인슈타인이 세운 새로운 구성틀은 시간이 흐르자 별 문제없이 받아들여졌다. 하지만 절

---

41) 내가 철학적 사유라고 하는 것이 꼭 전문 철학자에 의해 이루어질 필요는 없다. 실제로 17세기에 전문 철학자와 전문 자연과학자는 분명히 구분되지 않았다. 그래도 우리 관점에서 17세기 사상의 철학적 측면과 자연과학적 측면을 구분할 수는 있다.

42) 강의 II, 주 53을 보라.

43) 라이프니츠와 클라크의 서신 교환은 18세기 전반기를 거쳐 '자연철학'의 논의를 지배했으며 이러한 사유의 독특한 위치를 분명히 보여 준다. 논의에 참여한 거의 모두가 뉴턴의 운동 법칙과 중력 이론을 아무 문제없이 받아들였지만 이 서신 교환이 불러일으킨 논쟁은 미해결로 남았다. 이 문제가 철학 고유의 문제인 또 하나의 이유는 이것이 다른 철학적 문제와 뒤엉켜 있다는 점이다. 실체의 본성, 신과 자연 세계와의 관계, 자유와 필연의 문제가 그러하다.

대 대 상대 운동이라는 고유한 철학적 개념에 대한 문제와 논쟁은 여전히 남아 있으며, 이 개념의 지위는 아인슈타인 자신의 이론 안에서도 문제가 된다(위의 주 40을 다시 보라).

하지만 이제부터 새로운 문제가 생긴다. 내 주장대로 철학적 성찰과 과학적 성찰이 다르다고 하자. 철학에서는 과학에서와 달리 (의사소통 합리성 관점의) 합의에 이르는 데 실패하기 마련이다. 그러면 철학적 성찰이 과학혁명 과정에서 그러한 합의를 중계하고 (재)형성하는 데 무슨 도움이 될까? 어떻게 미해결의 논쟁으로 가득 찬 학문이 아주 새로운 과학 패러다임에서 합리적 의견 일치를 보는 일에 기여할까? 이러한 문제에 대한 답은 세 가지이다. 첫째로 아주 새로운 과학 패러다임에 필요한 합의란 것은 살펴본 대로 그리 대단한 개념이 아니다. 새 구성틀이 온당하고 믿을 만하며 선택가능한 대안이기만 하면 된다. 둘째로 철학적인 논쟁의 결과에 대해서는 어떠한 영속적인 합의도 없지만 (없어야 하겠지만) 논쟁의 중요한 성과가 무엇이며 어떠한 입장과 논변을 진지하게 받아들여야 하는지에 대해서는 어느 정도 지속적인 합의가 있다(1부의 주 23과 주 70을 다시 보라). 셋째로 고유한 철학적 성찰이 과학 고유의 성찰과 얽히면서 논쟁적이고 개념적으로 문제가 많은 철학적 주제가 상대적으로 그렇지 않은 과학적 업적을 낳기도 한다. 철학적 성찰은 서로 다른 (상대적으로 논쟁거리가 없는) 과학 분야들 간의 대화를 촉진하며 이와 동시에 새 과학 패러다임을 도입하고 알리는 일을 돕는 것이다.

이러한 세 가지 점 모두가 절대 대 상대 운동의 문제를 끌어들인 아인슈타인에게서 분명히 보인다. 여러 번 강조한 대로 아인슈타인은 무엇보다 두 조율 원리(빛 원리와 등가 원리)가 시간, 공간, 운동에 대해 가능한 구성틀로 진지하게 받아들여지기를 원했다. 이들 원리가 운동

법칙에 기초한 고전적 조율 대신에 선택가능한 대안으로 받아들여질
필요가 있었던 것이다. 이를 위해 고전적 구성틀을 둘러싼 절대 대 상대
운동이라는 옛 논쟁에 호소했던 것이다. 옛 논쟁이 지속되던 철학적 수
준에서는 이 논쟁에 대한 어떠한 의견 일치도 없었다. 그럼에도 이 논쟁
의 핵심 입장과 논변이 뉴턴, 라이프니츠, 칸트, 오일러, 마흐와 같은 사
상가들에게서 나왔다는 점에는 거의 모두가 동의했다. 또한 이 논쟁(고
전 뉴턴 물리에서 절대 대 상대 운동에 관한 논쟁)과 관련해 훨씬 덜 논
쟁적인 과학적 성과도 있었다. 앞서 여러 번 언급한 대로 관성기준틀에
대한 19세기 후반의 작업이 그것이다. 아인슈타인이 특수상대론에서
실현된 새 시공간 조율을 만들면서 한 것은 이 작업과 빛의 속도에 관해
당시 확립된 경험적 사실을 예상치 못한 놀라운 방식으로 연결시킨 일
이다. 더 놀라운 것은 아인슈타인이 이 두 과학적 성과를 절대 대 상대
운동에 대한 이전의 철학적 논쟁 전체와 더불어, 중력 질량과 관성 질량
의 등가성에 대한 또 다른 경험적으로 확립된 사실과 연결시켰다는 것
이다. 아인슈타인이 도입한 아주 새로운 개념틀은 고전물리를 처음부
터 둘러싼 절대 대 상대 운동에 대한 철학적 · 메타과학적 성찰 전통을
진지하게 끌어들였다. 또한 과학 수준에서 이미 확립된 경험적 · 개념
적 결과도 끌어들였기 때문에 고전 물리학자는 나름대로 아인슈타인의
작업을 진지하게 고려할 충분한 이유가 있는 것이다. 그렇다고 아인슈
타인의 새 패러다임을 옳은 것으로 채택할 필요는 없겠지만, 이를 진정
한 대안으로 생각하지 않는 것은 (또한 그 나름대로) 비합리적이고 부
당하며 무책임한 처사가 될 것이다.

그런데 이러한 논의도 물론 중요하긴 하지만 문제의 일면일 뿐이다.
철학과 메타과학의 성찰이 일반상대론의 발전, 명료화, 보급에 기여한
이야기는 더 복잡하고 재미있다. 실제로 아인슈타인이 절대 대 상대 운

동이라는 옛 문제를 다루었다는 것만으로는 이 이론에서 가장 놀랍고 혁명적인 측면, 곧 물리학에 비유클리드 기하를 도입한 점을 설명하지 못한다. 비유클리드 기하가 운동의 문제와 밀접히 얽히게 된 진정으로 놀라운 방식을 이해하려면 앞서 강의에서 여러 번 제안한 대로 헬름홀츠에서 시작되어 푸앵카레까지 이어지는 19세기 기하학 기초론의 논의에 대한 아인슈타인의 천착을 고려할 필요가 있다. 바로 여기에 일반상대론과 이전까지의 수리물리 전통을 이어 주는 추가적이고 아주 강력한 철학적 자원이 있다. 앞으로 보겠지만 이 자원이 없었더라면 물리학에서 비유클리드 기하를 쓸 수 있다는 생각이 실제적 가능성이 되었는지조차 의심스럽다.

　앞서 강의에서 제안한 것처럼 헬름홀츠는 기하학에 관한 경험주의를 옹호하면서 이 논쟁을 시작했다. 그런데 헬름홀츠는 이 경험주의가 칸트의 견해, 곧 공간은 "우리 공간 직관의 필수 형식"이라는 견해를 세련되게 다듬은 것이라고 보았다. 실제로 칸트의 공간 직관을 일반화한 이 견해가 기하학 기초에서 헬름홀츠가 이룬 수학적 업적의 배경을 이루며, 이 업적은 원래 공간 지각에 관한 자신의 정신생리학 연구에서 자극을 받은 것이다.[44] 또한 이 업적을 발전시켜 헬름홀츠·리 정리가 나왔는데 이는 다양체론에 대한 리만의 처음 연구(1854년)에서 영감을 얻은 것이다. 리만은 선분 요소 또는 계량이 피타고라스 관계를 따르는 무한소 유클리드 기하라고 가정하였다. 헬름홀츠의 목표는 리만의 이 기본 가정을 우리의 공간 지각을 산출한 기초적인 "사실"에서 유도해 내

---

44) 공간 지각에 관한 헬름홀츠의 견해는 Hatfield(1990, 5장)를 보라. 그의 공간 지각 이론을 배경으로 이루어진 헬름홀츠의 수학적 성과에 대한 논의로는 Richards(1977)를 보라. Friedman(1997b)도 보라. 이후 논의는 Friedman(2001)을 많이 활용했다.

는 것이었다. 공간에 대한 관념은 곧바로 주어지거나 "선천적인" (innate) 것이 아니라 몸을 움직이는 경험에서 익숙해진 지각과 학습 과정의 산물이다. 우리의 공간 관념은 운동하면서 생기기 때문에 공간을 "차지하고 있는" 사물 가까이, 멀리, 주위로 움직이는 경험에서 구성된 공간은 강체(rigid bodies)의 임의 연속 운동을 가능하게 하는 "자유 이동"(free mobility) 조건을 만족시킨다. 이 조건에서 선분 요소에 관한 피타고라스 형식을 유도해 낼 수 있다.[45] 그런데 이렇게 구성된 리만 계량은 강체를 한 점에서 다른 점으로 옮기는 운동에 관해 등거리(isometry) 군을 이루며, 그 곡률은 상수여야 한다. 따라서 헬름홀츠 · 리 정리는 변곡률 다양체를 포함하는 리만의 계량 다양체론보다 훨씬 덜 일반적이다.

헬름홀츠 · 리 정리는 공간 기하를 결정한다. 그래서 헬름홀츠는 "우리 외부 직관의 필수 형식"이 곡률이 상수인 세 고전 기하, 곧 유클리드 기하, 쌍곡 기하, 타원 기하 가운데 하나로 표현된다고 한다.[46] 그렇다면 우리는 이 세 고전 기하 가운데 실제로 무엇이 성립하는지를 어떻게 아는가? 이 지점에서 헬름홀츠는 우리가 강체(예를 들어 단단한 측정

---

45) 원래 헬름홀츠가 스케치한 이 결과는 솝후스 리(Sophus Lie)가 연속군 이론을 이용해 최초로 엄밀히 증명해 냈다. 헬름홀츠와 리의 업적에 관해서는 Torretti(1978, 3.1절)를 보라. 헬름홀츠와 리만에 관해 철학이나 수학 양쪽으로 세련된 논의로는 Stein(1977, VI절과 VII절, 특히 주 29에 소개된 헬름홀츠 · 리 정리의 현대적 설명)을 보라.

46) 헬름홀츠는 공간을 칸트처럼 "직관의 주관적 형식"이자 "우리 외적 직관의 필수 형식"이라고 한다. 그의 1878년 강연 "지각에서의 사실"(Hertz and Schlick, 1921/77, 117/124쪽)을 보라. 헬름홀츠는 특히 자유 이동 조건을 공간 측정이 가능하기 위한 필수 조건, 곧 기하학을 경험에 적용하기 위한 필수 조건으로 보았다. 위의 주 44와 주 45에서 참조한 문헌들을 보라.

용 자)를 자유 이동 조건에 따라 이리저리 움직일 때 그 실제 모습을 관찰해야 한다고 한다. 물리 공간이 유클리드 공간이라는 이야기는 (물론 헬름홀츠는 그렇게 가정했다) 이렇게 행한 물리적 측정이 경험적으로 이 기하의 법칙을 매우 정확히 따른다는 이야기이다. 따라서 헬름홀츠의 견해는 자유 이동 조건으로 표현되는 "필수 형식"이 공간에 있다는 점에서는 칸트와 비슷하지만, 곡률이 상수인 세 가지 가능한 기하 가운데 실제로 성립하는 기하는 경험으로 결정된다고 본 점에서는 경험주의에 가깝다고 할 수 있다.

  기하에 대한 헬름홀츠의 이런 견해에 맞서 푸앵카레는 "규약주의"를 분명히 밝혔다. 실제로 푸앵카레는 헬름홀츠 · 리 정리에 맞서 그의 철학적 견해를 발전시켰으며, 여기서 군 이론과 쌍곡 기하의 모형에 관한 자신의 수학적 업적도 한몫을 했다.[47] 헬름홀츠와 리처럼 푸앵카레는, 몸의 "변위"에 관한 애초에는 조잡한 경험을 놓고 이 운동에 해당하는 군을 추상적으로 연구하는 일이 기하라고 보았다. 헬름홀츠 · 리 정리에 따르면 그렇게 구성된 공간은 곡률이 상수인 세 고전 기하 가운데 하나뿐임을 알 수 있다. 하지만 푸앵카레는 강체의 모습을 관찰함으로써 공간의 기하를 경험적으로 결정할 수 있다는 헬름홀츠 생각에는 반대했다. 실제 물체는 기하학의 강체 조건을 정확히 만족시키지 못하며, 그보다 더 중요한 것은 물리적 강체에 대한 지식이 물체의 물질 구성에 작용하는 힘에 관한 지식을 전제한다는 것이다. 그러한 힘을 서술하기 위

---

47) 푸앵카레가 쌍곡 기하에 관한 그의 유명한 모형을 발견한 것은 복소 해석에서 "클라인 군"을 연구하는 과정에서였다. 클라인 군이 놀랍게도 쌍곡 기하의 등거리 변환을 포함한다는 사실을 알아차린 것이다. 이 유명한 발견은 Poincaré(1908/13, 1권, 3장)에 생생히 묘사되어 있다. 푸앵카레 모형에 관한 논의로는 Torretti(1978, 2.3.7절)를 보라.

한 기하를 쓰지 않고 이 힘에 대해 무엇을 말할 수 있겠는가? 따라서 곡률이 상수인 세 고전 기하 가운데 한 틀을 규약처럼 지정해 놓지 않으면 경험 물리학을 할 수 있는 다른 방법이 없다.[48] 실제로 유클리드 기하가 수학적으로 가장 단순하기 때문에 푸앵카레라면 물론 이 규약을 항상 선호할 것이다.

앞의 강의에서 살펴본 대로 1905년 아인슈타인은 특수상대론을 구상하면서 푸앵카레의 『과학과 가설』을 숙독하고 있었다. 따라서 푸앵카레의 규약주의는 상대론의 중요한 철학적 자극이 되었을 것이다(1부의 주 27, 그리고 주 76이 달린 문단을 보라). 특히 푸앵카레는 칸트와 헬름홀츠 둘 다에 맞서 개별 공간의 기하는 이성이나 경험에 의해 결정된다기보다 우리 자신의 선택이나 규약을 필요로 한다고 했다. 비슷한 맥락에서 아인슈타인은 원거리 사건 사이의 동시성은 이성이나 경험으로 결정되지 않으며 빛의 운동에 기초한 근본적인 규정을 필요로 한다고 한다.[49] 여기서 아인슈타인은 『과학과 가설』에 깔려 있는 푸앵카레의 철학에 따라 이미 확립된 경험적 사실을 "격상"시켜 푸앵카레가 "숨겨진 규정"이라고 하고 우리가 조율 원리(위의 주 22)라고 한 아주 새로운

---

48) 좀 더 자세한 논변은 힘에 관한 수학 법칙(물리적 강체 개념을 뒷받침하는 법칙)을 확립하려면 공간을 측정하기 위한 기하를 이미 가정해야 한다는 것이다. 따라서 먼저 특정 기하를 선택하고 난 이후에야 물리적 힘을 탐구할 수 있다. 푸앵카레의 이런 논변에 관한 자세한 분석으로는 Friedman(1999, 4장)을 보라. 원래 칸트의 기하 개념을 배경으로 헬름홀츠와 푸앵카레의 관계를 더 자세히 논한 Friedman (2000a)을 보라.

49) 실제로 푸앵카레도 1898년의 글 「시간 측정」에서 원거리 동시성에 규약이나 규정 (빛의 속도도 관련)이 필요하다고 하였다(Poincaré, 1905/13, 2장에 수록). 동시성에 관한 푸앵카레의 견해와 아인슈타인의 작업을 비교해 놓은 Miller(1981, 4장)를 보라.

지위를 부여하기에 이르렀다.

그런데 아인슈타인은 그의 유명한 1921년 논문 「기하와 경험」에서 말한 대로 일반상대론에 도달하기 위해 푸앵카레의 기하 규약주의를 버려야만 했다. 특히 여기서 아인슈타인은 (응용 또는 물리) 기하가 "거의 강체나 다름없는 물체"가 실제로 하는 운동에 관한 경험 이론일 뿐이라는 헬름홀츠의 생각을 받아들였다. 실제로 아인슈타인은 "[이 개념] 없이는 [일반]상대론을 확립하지 못했을 것"이라고 적고 있다. 같은 구절 바로 뒤에서 아인슈타인은 푸앵카레의 기하 규약주의를 이에 대한 거의 유일한 대안으로 고려한 뒤 "[푸앵카레를 따라] 거의 강체인 물체와 기하의 관계를 포기하면, 유클리드 기하를 가장 단순한 기하로 고정시키는 규약에서 풀려나지 못할 것이다"라고 (아주 정확히) 지적한다. 아인슈타인도 "영원의 상 아래서는(sub specie aeterni) 푸앵카레가 옳다"고 인정한다. "거의 강체인 물체"는 "물리학의 개념틀 안에서 근본 요소"가 되기에는 걸맞지 않기 때문이다. 그렇다고 해도 "지금 단계의 이론 물리학은 임시로나마 이들을 독립된 요소로서 필요로 한다"고 아인슈타인은 말한다. 물질의 미세 구조에 관해 적합한 이론은 아직 요원한 일이기 때문이다. 따라서 바로 일반상대론의 기초에서 강체가 "독립된 요소로서 필요해진다."[50]

같은 구절에서 아인슈타인의 설명은 다음과 같은 생각을 염두에 두고 있었다. 등가 원리에 따르자면 중력과 관성은 그 본질이 동일한 현상이다. 특히 비관성계에서 생기는 "관성장"(예를 들어 원심력과 코리올리 힘)은 중력장의 모형이 된다. 특수상대론에서 균일하게 회전하는 좌표계를 생각해 보자. 이때 로렌츠 수축은 회전 평면의 원점을 둘러싼 동

50) Einstein(1921/23, 6-8/33-6쪽)을 보라.

심원을 따라 접선 방향으로 놓인 측정용 자에 서로 다른 영향을 미친다 (중심에서의 거리에 따라 접선 방향의 선속도가 변하기 때문이다). 반면 반지름 방향을 따라 놓인 자에는 로렌츠 수축이 발생하지 않는다. 따라서 회전계의 기하는 비유클리드 기하로 밝혀진다(회전 평면의 원점을 둘러싼 동심원에서 원주 대 지름의 비율은 $\pi$가 아니며 원의 반지름 크기에 따라 변한다).

아인슈타인에게 이러한 생각이 얼마나 중요했는지는 일반상대론에 관한 그의 거의 모든 설명에서 잘 알 수 있다. 비유클리드 기하를 중력 이론에 도입하게 된 주된 동기가 이것이기 때문이다.[51] 또한 존 스타첼 (John Stachel)이 보여 준 대로 이 사고 실험이 우리가 아는 일반상대론의 수학과 개념틀에 이르게 된 결정적 계기가 되었다. 이 예를 일반화하면서 아인슈타인은 중력에 관한 상대론을 발전시키려면 (시간과 공간을 포괄하는) 4차원 비유클리드 기하가 필요함을 곧바로 알아차렸다. 특수상대론의 평평한 민코프스키 계량을 곡률이 변화하는 경우로 확장하면 중력장을 대체할 수 있음도 곧 알아냈고, 수학자 마르셀 그로스만의 도움을 받아 리만의 다양체론을 발견했다. 자신의 이론을 대중에게 설명할 때 균일한 회전좌표계의 예를 자주 들었다는 사실은 이러한 실제 역사적 발견 과정을 꽤 정확히 반영하며, 특히 곡률이 변화하는 4차원 시공간 기하 개념을 처음에 어떻게 발견하게 되었는지도 설명해 준다.[52]

---

51) 예를 들어 Einstein(1916/23, 774-6/115-7쪽), (1917/20, 23-8절), (1922, 59-61 쪽)을 보라.

52) Stachel(1980/89)을 보라. 이와 관련해 특히 놀라운 점은 처음에 아인슈타인은 특수상대론을 기하학을 이용해 해석한 민코프스키의 (1908년) 생각을 단지 신기한 수학 정도로만 취급했다는 사실이다. 민코프스키와 달리 아인슈타인은 4차원 시공간

이처럼 아인슈타인이 등가 원리를 근본 조율 원리, 곧 4차원 (준)리만 기하를 수리물리에 적용하기 위한 원리로 쓰게 된 과정은 매우 미묘하고 복잡하다. 아인슈타인이 처음 등가 원리를 공식화했을 때는 4차원 (준)리만 기하에 대한 개념조차 없었다. 대신 특수상대론의 평평한 (준유클리드) 4차원 기하 안에서 작업했다. 더욱이 이 시점에서 아인슈타인은 특수상대론을 (민코프스키처럼) 4차원 개념으로 이해한 것이 아니라 옛 방식대로 (3차원) 운동 좌표계에 관한 3+1 차원에서의 서술로 받아들였다.[53] 특수상대론을 (3+1 차원)으로 이해한 상황에 등가 원리를 적용해 균일하게 회전하는 좌표계에서 비유클리드 공간 기하를 발견했고, 이후에야 이를 비유클리드 시공간 기하로 확장했다. 여기에 이르러서야 등가 원리는 지금 우리가 아는 원리처럼 기능한다. 이 원리는 이제 아인슈타인의 장방정식이 서술하는 변곡률 (준)리만 기하를 해석하는 근본 원리이자, (준)리만 측지선이라는 수학 개념을 중력장 아래 "자유 낙하"하는 경로와 조율하는 원리인 것이다. 이렇게 한참을 돌아서야 단지 수학적인 가능성에 불과했던 비유클리드 시공간 구조가 처음으로 실제적·물리적·경험적 가능성이 되었다.[54]

---

기하와 곡률이 변화하는 4차원 시공간 기하 개념을 동시에 떠올렸다. 아인슈타인은 일반상대론을 만들고 나서야 특수상대론의 4차원 해석을 받아들이게 되었다.

53) 위의 주 52와 비교하라. 특히 당시 아인슈타인이 쓴 등가 원리를 분명히 밝힌 Norton(1985/89)을 보라.

54) 당시 4차원 (준)리만 기하에 착안할 수도 있었던 유일한 이는 헤르만 민코프스키이다. 하지만 민코프스키 자신은 Friedman(2001)에서 자세히 논한 대로 등가 원리를 중력에 관한 상대론을 구성하는 데 활용할 생각을 전혀 하지 못했다. 물리 공간의 계량이 기저 다양체에 작용하는 "구속력"에 따라 경험적으로 결정될 수 있다고 추측한 그의 기묘한 언급도 일반상대론을 예상했다고 보기 힘들다. 바일(Weyl)은 Riemann(1919)의 마지막 절에 붙인 6차 최종 설명에서 한 가지 제안을 한다. 민코프스키가 등가 원리를 이렇게 활용할 생각을 전혀 하지 못했기 때문에 그의 언급은 그저 사변

기하학의 기초에 관한 19세기 철학 · 메타과학 사상을 끌어들인 아인
슈타인은 앞서 절대 대 상대 운동 문제를 끌어들였을 때 주목한 세 가지
특징을 모두 보인다. 첫째로 아인슈타인은 아주 새로운 시공간 구조가
실제적 · 경험적 가능성이며, 특히나 새로운 중력 이론이 고전적 뉴턴
이론 대신에 선택가능한 대안임을 확립해야만 했다. 둘째로 기하학에
관한 경험주의와 규약주의의 철학적 논쟁에 관해서는 결론이 나지는
않았지만 (지금까지도 그렇다) 적어도 헬름홀츠와 푸앵카레가 이 논쟁
의 핵심이 되는 입장과 논변을 펼쳤다는 데에는 별다른 이견이 없었다.
셋째로 이 철학적 논쟁은 당시에 정밀과학에서 인정된 최신 결과와 밀
접한 관련이 있었다. 곧 헬름홀츠 · 리 정리(여기에는 살펴본 바와 같이
헬름홀츠와 푸앵카레가 집중 기여했다)로 정점에 이른 리만의 다면체
론과 군론(group theory)에서의 수학적 작업이 그것이다. 따라서 물리
기하의 지위에 관해 제대로 얘기하려면 헬름홀츠와 푸앵카레의 철학적
사유를 매우 진지하게 고려하는 것 말고는 다른 방도가 없었다. 시공간
과 운동에 관해 아인슈타인이 도입한 혁명적으로 새로운 틀 또한 바로
이러한 철학적 사유와 심도 있게 (책임감 있게) 연결되었다(이를 새롭
고 놀라운 방식으로 옛 운동의 문제와 통합했다). 따라서 이 시점 이후
로 다른 이들은 아인슈타인의 이론을 매우 진지하게 고려할 수밖에 없
었다.[55]

---

이자 수학적 (경험적 · 실제적이 아닌) 가능성에 머물러 있었다는 것이다.
55) 독자는 이 단계에서 왜 아인슈타인이 푸앵카레보다 헬름홀츠의 편을 들었는지 의아
해할 수도 있다. 이 복잡한 문제는 Friedman(2001)에서 추가로 논의된다. 요점은
아인슈타인이 인정한 대로 기하 구조와 "강체와 다름없는 물체" 사이의 관계에 대한
"소박한" 견해를 그가 필요로 했다는 것이다. 따라서 미시물리학에 관한 모든 문제는
일시적으로나마 무시된다. 특수상대론에서 아인슈타인은 로렌츠 수축이 운동에 관

　마지막으로 기하학 기초에 대한 19세기 철학·메타과학적 사유를 끌어들인 아인슈타인은 과학혁명이라는 전환기에 이러한 사유가 어떤 중요한 일을 하는지를 잘 보여 준다. 특히나 하나의 과학적 개념틀에서 전혀 다른 틀로 넘어갈 때에는 반드시 중간 단계가 개입하여 이전의 틀을 (연속적으로) 변형시키는 과정을 거치게 되는데 이때 이후의 틀은 아직 명료하게 표현되지 않는다. 따라서 두 패러다임 사이에는 개념에 관한 교착 상태이자, 어떤 틀을 가지고도 작업하지 않는 심각한 (그래도 소득은 풍부한) 문제 상황에 처하게 되는 시점이 반드시 도래하게 된다. 이것은 아인슈타인이 등가 원리를 처음에 민코프스키 시공간의 평평한 기하 구조(아직 4차원 시공간 곡률은 없는 구조)에 적용한 것에서도 잘 알 수 있다. 더욱이 놀라운 것은 기하학 기초에 관한 이전의 철학적 논쟁은 헬름홀츠·리 정리의 틀, 곧 곡률이 상수인 공간에 한정되었다는 사실이다. 일반상대론의 전체 요지는 결국은 중력을 곡률이 변화하는 4차원 다면체로 서술하는 것이므로, 일반상대론의 최종 형식이 이전까지의 모든 논의를 부질없이 만들어 버린 측면이 있다. 그렇다고 하더라도 살펴본 대로 아인슈타인이 만들고 다듬은 최종 이론은 바로 이전의 철학적 논쟁에 의하여 합리적으로 매개되어 나온 것이다. 그러한 논쟁이 아니었더라면 어떻게 물리학에서 비유클리드 기하가 실제적 가능성

　　한 수학적 구조를 직접 나타낸다고 보아 실제로 강체에 작용하는 미시적 물리력에 관한 (역학적) 질문과 분리시켰다. 마찬가지로 균일하게 회전하는 좌표계 예에서 아인슈타인은 로렌츠 수축이 근본 기하(geometrical) 구조를 직접 나타낸다고 본다. 아인슈타인이 이후 통일장 이론에 관한 작업에서 기하 구조와 미시물리학의 관계에 대한 이러한 "소박한" 견해를 수정했다는 것은 특기할 만하다. 이렇게 수정된 견해가 한스 라이헨바흐에 답하는 그의 기하 "규약주의" 논의에 반영되어 있다(Schilpp, 1949, 676-9쪽).

이자 진정으로 선택가능한 대안이 될 수 있었는지 상상하기조차 힘들다.[56]

---

56) 아인슈타인이 등가 원리를 처음 적용할 때의 이러한 두 가지 문제 상황에 대한 논의로는 Norton(1985/89)을 끌어 쓴 Friedman(2001)을 보라. 특히 일반상대론 이후 현재의 관점에서 보자면 아인슈타인이 등가 원리를 평평한 민코프스키 시공간에 적용한 일이나 헬름홀츠·푸앵카레 논쟁 안에서 비유클리드 기하를 발견한 일 모두 쉽게 이해된다. 일반상대론의 시공간을 앞에서 논의한 (곡률이 변화하는) 뉴턴 중력 이론의 대안 형식과 비교해 보면 그 핵심 차이는 일반상대론 시공간 구조가 무한소 영역에서 민코프스키 구조라는 것이다. 따라서 등가 원리를 민코프스키 시공간의 관성 구조에 적용하면 아인슈타인의 새 이론에 고유한 경험적 내용(예를 들어 수성의 근일점 이동에 대해 일반상대론에서 유도된 공식)을 얻게 된다. 또한 상대론의 국소 민코프스키 시공간 구조 안에서만 4차원 시공간 곡률이 3차원 공간 곡률과 필연적으로 얽히게 된다(위의 주 35). 마지막으로 노턴이 보여 준 대로 아인슈타인이 균일하게 회전하는 좌표계에서 발견한 3차원 공간 기하는 그 자체로 아주 잘 정의된다. 곧 무수히 많은 "접선" 관성계를 무한소 영역에 근접시키면 아인슈타인이 말하듯 무한소 영역에서 "강체"인 측정자들이 생긴다. (위의 주 40에서 지적한 대로 마찬가지로 심각하면서도 생산적인 개념적 교착 상태는 아인슈타인이 절대 대 상대 운동에 관한 옛 논쟁을 끌어들였을 때에도 존재했다.)

# 5. 다른 문제들, 다른 과학들

이제까지 나는 칸트의 과학 인식론을 수정한 이론을 발전시키려 했다. 그러면서도 원래 칸트 생각에 가장 중대한 철학적 도전을 던진 과학 안에서의 혁명적 변화에도 충실하고자 했다. 특히 콰인의 인식론적 전체론이 던진 도전에 주의를 기울였다. 콰인은 칸트 이후 (다른 분야보다도) 기하학과 역학에서의 혁명을 자연화된 경험주의의 근거로 삼았고, 어떠한 선험적인 것도 남겨 두지 않았다. 나는 또한 쿤의 과학혁명 이론의 도전에도 맞서려 했다. 이어지는 패러다임이 공약·번역불가능하다는 생각은 최근에 역사적이고 개념적인 상대주의로 이어졌다. 콰인의 전체론에 반대해 나는 상대화되지만 여전히 구성적인 선험 원리가 현대 수리물리의 기반인 (진화하는) 개념틀을 이해하는 데 중요하다고 했다. 또한 쿤 이후의 개념적 상대주의에 반대해 쿤의 공약·번역불가능성이 비록 진실의 일면이긴 하지만, 쿤이나 쿤 이후 개념적 상대주의자들이 생각하는 것보다 더한 합리적 연속성이 혁명 과정에 있다고 했다.

이와 관련해 주목할 것은 내가 쿤의 과학혁명 이론에 대해 제시한 답이 과학적 합리성의 옹호이지 '과학적 실재론'의 옹호는 아니라는 것이다. 칸트 이후 과학 발전에 의해 제기된 주된 문제가 바로 보편적 (초역사적) 과학적 합리성의 문제이기 때문이다. 계몽 시대의 이상인 고정된 합리성은 근대 수리과학에서 가장 잘 표현되며 사람들 사이의 합리적인 논변과 의사소통의 기초였다. 그런데 이렇게 원래 칸트가 꿈꾼 (뉴턴 물리학의 구성 원리에 기초한) 고정된 합리성의 원칙은 사라졌지만, 구성 원리의 혁명적 변화에도 여전히 (의사소통) 합리성은 충분히 연속적이며 따라서 계몽의 이상은 역동적인 방식으로 유지될 수 있다. 정밀 수리과학은 심원한 혁명을 거치지만, 오히려 그 혁명적 성격 때문에 보편적인 의사소통 합리성의 가장 훌륭한 모범이 될 수 있다.

칸트는 우리의 표상 체계가 이와 완전히 분리된 '물자체' 영역에 대응한다는 생각을 '초월적 실재론'이라고 불렀다. 원래 칸트가 옹호한 과학적 합리성이 이러한 실재론에서 나오지 않았던 것처럼, 지금 우리 개념도 '과학적 실재론'에서 나오지 않는다. 특히 구성틀이 역사적으로 진화하며 수렴하는 모습을 보인다고 해도 이는 완전히 독립된 '실재'(그것이 무엇이든)에의 수렴은 아니며, 진화하는 구성틀들 사이의 내적 수렴이라고 할 수 있다.[57] 강의 III의 끝에서 밝힌 대로, 내가 생각하는 과학적 합리성은 이론들이 단 하나의 올바른 계열로 수렴될 필요도 없다. 그런데 이것이 어떠한 '과학적 실재론'에도 필요한 생각이다. 반면 나는 원래 칸트 생각처럼 어떤 '내적' 실재론, 아니면 칸트가 '경험적 실재론'이라고 부른 관점은 유지한다. 일단 어떤 구성틀이 마련되면 이들에서 정식화된 이론과 경험 · 현상 세계 사이의 '부합' 및 '대응'을 아주 정확히 말할 수 있다. 2부 2절에서 말한 경험 법칙의 시험 과정에서 이 법칙에 대한 정확하고 합리적인 증거를 얻을 수 있는 것이다. 다시 말해 경험적 가능성의 공간이 마련되면 경험적 진리에 대해 정확히

---

57) 쿤은 "과학적 실재론"을 받아들이지 않기 때문에 수렴이라는 생각도 종종 거부한다. 특히 Kuhn(1962/70, 206-7쪽)을 보라. 여기서 쿤은 시간이 흐르면 수렴한다는 말을 다음과 같은 근거에서 거부한다. "내 생각에 '정말로 있다'와 같은 구절을 이론과 관련 없이 재구성할 방법은 없다. 이론상의 존재와 자연의 대응물이 일치한다는 생각은 기본적으로 환상이다." 1부의 주 72와 주 73을 참조하라.

얘기할 수 있으며, 수리물리 이론은 여전히 그러한 진리의 모범이라고 할 수 있다. 하지만 쿤 이후 상대주의의 위협에서 과학적 합리성을 지켜 내기 위해 변화하는 틀 자체가 '경험적 진리'라고 생각할 필요는 없다.[58]

　쿤 이후의 문제와 도전에 맞서 내가 주목한 것은 시간, 공간, 운동에 대한 근본 수리물리 이론의 발전이었다. 특히 (아리스토텔레스의 시간, 공간, 운동 이론을 배경으로 하는) 뉴턴 역학의 중력 이론, 알베르트 아인슈타인의 혁명적인 기하학적 역학 이론인 특수상대론과 일반상대론의 역사적 발전에 주목했다. 내가 이들 이론(그 역사나 개념)과 친숙한 탓도 있지만, 여기에 주목하는 다른 이유도 있다. 첫째로 뉴턴의 시공간과 운동 이론이야말로 칸트에게는 과학적 합리성의 모범이었으며 그만의 고유한 철학적 개념의 기초를 마련해 주었다. 둘째로 칸트 이후 과학적 합리성을 재고하게 된 주된 동기가 바로 아인슈타인이 이룩한 시공간과 운동 이론의 혁명적 변화였다. 논리경험주의자들이나 이에 맞선 쿤의 과학혁명 이론이 모두 여기에 해당한다. 셋째로 현대의 수학적 시공간, 운동 이론이야말로 구성적 선험인 조율 원리의 가장 분명한 예로, 진정한 과학혁명, 곧 개념틀 사이의 공약·번역불가능성의 가장 분명한 예라고 할 수 있다.

---

58) 이 부분은 스탠퍼드에서 피터 고드프리-스미스와 특히 그라시엘라 드 피에리스와 나눈 논의에 빚지고 있다. 바로 이 지점에서 지금 논의하는 수렴과 강의 III에서 언급한 퍼스 식 수렴(1부 주 78과 주 83을 보라)의 차이가 있다. 지금 논의에서 보면 퍼스 식 수렴은 이론 사이의 수렴으로 독립된 실재로의 수렴이라는 생각은 들어가지 않는다. 실제로 퍼스는 "실재"를 최선의 과학 이론화 작업이 결국 수렴하는 지점으로 정의한다. 하지만 바로 이러한 이유에서 퍼스 식 수렴은 유일할 수밖에 없다. 퍼스 식 수렴은 경험과학의 진리에 관한 논의인 반면 우리 논의는 과학적 합리성(특히 그러한 합리성을 규정하는 선험적 구성 원리)에 대한 논의이다.

여기서 독자들은 어떻게 이러한 철학적 설명이 다른 표준적인 과학 혁명에 적용될지 의아해할 수 있다. 만일 적용되지 않는다면 쿤 이후의 상황에 처한 우리가 이 설명에 관심을 둘 이유는 적다. 쉽게 떠오르는 사례 셋만 들어도 양자역학의 혁명(실제로 20세기 수리물리를 지배), 라부아지에의 업적과 결부된 18세기 후반의 화학 혁명, 그리고 생물학의 다윈 혁명이 있다. 앞서 말한 대로 내 철학적 틀은 현대 시공간·운동 이론의 발전에 힘입어 형성된 것으로 이들 사례를 여기서 제대로 다루기는 힘들다. 그럼에도 이들 세 혁명의 과정을 간단히 살펴본다면 이후의 철학적·역사적 작업에 디딤돌이 되지 않을까 한다.

**양자역학의 혁명.** 이 이론에 대한 고려가 현재로서는 가장 절박한 것 같다. 양자론은 현대 수리물리의 근본 이론으로 이제까지 경험적으로도 가장 성공적인 이론이며, 물리량을 나타내기 위해 정밀한 수학적 틀과 구조(힐베르트 공간 위에서 에르미트 연산자의 비가환 대수)를 쓰기 때문이다. 그리고 이 이론이 빈 시공간(이것은 시공간과 운동에 대한 현대 이론이 다룬다)을 '채우는' 물질(과 에너지)을 다루는 이론이다. 하지만 관련 수학 구조의 명료함과 엄밀성, 그리고 물리 상황에 적용해 거둔 놀라운 경험적 성공에도 불구하고 이 이론의 개념적 기초는 안개에 쌓여 있다. 최근에 이 문제는 양자역학의 틀을 현대 시공간 이론(특수상대론과 일반상대론)과 통합 또는 종합하는 일의 어려움으로 나타나고 있다. 이와 관련해 내 철학적 논의가 이러한 근본 문제를 풀 수는 없겠지만, 문제의 근원을 밝히고 나아갈 방향을 가리켜 보일 수는 있을 것으로 믿는다.

첫째로 지적하고 싶은 것은 수리물리의 다른 혁명과 달리 양자역학에서는 철학 및 메타과학과의 생산적인 교류가 없었다는 점이다. 특히 양자역학에서 혁명 이전과 이후 사이의 개념적 간극을 메워 줄 수 있는 철학과 메타과학에서의 시의적절한 개입이 없었다. 물론 다양한 철학적 생각들이 양자역학의 기초에 대한 논의에 도입되었다. 베르너 하이젠베르크는 아리스토텔레스의 잠재성 개념을 끌어들였고, 인간의 감각과 개념 장치에 필연적인 구조가 있다는 칸트 생각은 닐스 보어의 '코펜하겐' 해석과 연결되었다. 유진 위그너는 심신이원론에 호소했으며, 가능 세계 개념은 휴 에버렛(H. Everett)의 '상대 상태' 해석과 함께 논의된다.[59] 하지만 이러한 논의는 절대 대 상대 운동 문제와 기하학 기초에 대한 19세기 철학 논쟁을 끌어들인 아인슈타인과 비교된다. 상대론과 달리 양자역학 해석에 도입된 철학적 개념은 양자 혁명 이전부터 진행되던 메타과학 수준의 사유 전통과 연결되지 않았다. 이 점에서 아리스토텔레스의 잠재성이나 칸트의 필연적 인식 구조, 데카르트의 심신 이원론, 라이프니츠의 가능 세계 개념은 마치 불시에 하늘에서 떨어진 것과 같아 양자역학을 낳은 경험적이고 개념적인 문제 상황과 제때 연결되지 않았다.

우리 입장에서 양자역학이 철학적 수준의 메타과학 전통과 통합되지 않았다는 사실은 불운이다. 반면 상대론의 경우에는 아인슈타인이 이론을 처음 만들 때부터 (특히) 마흐, 헬름홀츠, 푸앵카레와 같은 이전의 철학 전통이 개입했다. 그뿐만 아니라 아인슈타인의 작업은 논리경험

---

59) 아리스토텔레스의 잠재성 개념을 끌어들인 Heisenberg(1958)를 보라. "고전 개념의 필연성"에 대한 보어의 주장은 칸트와 신칸트 식 사유의 영향으로 치부되곤 한다. 하지만 보어 자신이 이렇게 생각했는지는 불분명하다. 심신 이원론을 끌어들인 논의로는 Wigner(1961/67)를 보라. 에버렛 자신은 대안적 가능 세계 개념을 명시적으로 끌어들이지는 않았지만 그의 견해는 곧바로 "다세계"(many-worlds) 해석으로 인정되었다. DeWitt and Graham(1973)을 보라.

주의라는 새로운 메타과학 전통의 형성에도 깊숙이 개입했다. 논리경험주의자들은 아인슈타인의 새 이론을 과학적 철학을 뿌리부터 재구성하기 위한 기초로 삼았다. 하지만 양자론은 (전문 물리철학자들이 중요한 해명을 했음에도) 철학이라는 분야의 실제 진행에 그 정도의 충격을 주지는 못했으며, 인식론이나 과학철학과 관계된 분야에도 그 영향은 미미하다. 이는 물론 지식이 점차 분화하는 경향에 따른 필연적 결과일지도 모르지만 다르게 보면 내 설명을 강력히 뒷받침하는 사례이기도 하다. 곧 철학적 사유 전통에서의 시의적절한 개입이 없었기 때문에 양자역학의 개념적 기초(특히 현대 시공간 이론과의 통합과 관련한 문제)는 현재에도 갈피를 잡기 힘든 것이다.

　내가 두 번째로 지적하고 싶은 것은 좀 더 건설적이면서도 사변적이다. 우리 입장에서 양자역학의 개념적 발전을 살펴보면, 뉴턴의 운동 법칙이나 아인슈타인의 등가 원리와 같은 구성 원리(특히 조율 원리)를 먼저 찾기 마련이다. 여기서 아마 가장 그럴 법한 후보는 보어의 대응 원리(correpondence principle)일 것이다. 보어는 원자 스펙트럼에 관한 그의 초기 저작에서부터 상보성(complementarity) 개념의 도입에 이르기까지 이 원리를 이론의 핵심으로 삼았다. 보어가 분명히 의도한 대로, 대응 원리는 경험 현상과 원자의 내부 구조에 관한 새 이론적 개념을 연결시켜 주는 교량 원리였다. 이 원리는 새 원자 구조 이론에서 고전 개념을 실험 현상에 제한적으로 적용시키는 조율 기능을 한 것이다. 또한 보어가 상보성 개념에 이른 것도 대응 원리에서 출발한 것이다. 대응 원리를 서로 다른 실험 현상에 적용하려면 상이할 뿐만 아니라 때로는 모순된 고전 개념이 필요하다. 예를 들어 대응 원리를 원자 스펙트럼에 대한 실험 결과에 적용하려면 궤도의 회전 주파수 개념(고전적인 '시공상의' 서술)이 필요하다. 반면 이 원리를 원자 산란 실험에 적용하려면 운동량과 에너지 교환에 대한 개념(고전적인 '인과적' 서술)이 필요하다.[60] 따라서 대응 원리를 역사적으로나 개념적으로 더 잘 이해하면 이론의 기초에 관한 현재의 난점을 밝혀 낼 수 있을지도 모른다. 곧 경험 현상이 비가환적 수학 구조와 (이치에 맞게) 연결되는 방식을 원리로부터 체계적으로 보여 줄 수 있다.

내 세 번째 얘기는 한층 더 사변적이다. 양자역학의 기초를 보면 시의적절하다고 할 만한 철학 또는 메타과학 영역에서의 개입이 하나는 있었다고 본다. 1930년대에 수학자 존 폰 노이만은 논리·수학의 기초와 양자역학의 기초 두 분야에서 집중적으로 활동하고 있었다. 그는 고전 논리를 수정해 선언(disjunction)과 연언(conjunction)에 대한 분배 법칙이 더 이상 일반적으로 성립하지 않는 체계를 제안했다. 여기서 보어가 상보성 개념을 통해 해명하려고 했던 아주 새로운 개념적 상황을 엄밀히 이해할 수 있는 길이 열릴지도 모른다. 이 관점에서 보면 양자역학의 물리량이나 특성을 지배하는 논리적 구조는 비분배적 또는 비불적(non-Boolean) 대수 구조로, 분배적이고 불적인(Boolean) 대수 구조들은 하나의 더 큰 불적인 구조 안에 동시에 구현되거나 포함될 수 없다. 이렇게 하면 상보성 개념을 정밀한 대수적 개념으로 해석할 수 있다 (물론 정설은 아니다). 양자역학의 물리량이나 특성은 개별적으로 (어떤 특정 불 부분대수 안에서) 보면 고전적인 양이며, 양자역학적 '특이

---

60) 대응 원리에 대한 내 얘기는 스콧 타노나(Scott Tanona)와의 논의 덕분이다. 그는 인디애나 대학에서 이 주제로 박사학위 논문을 쓰고 있다. (타노나는 이 작업을 막 시작해서 여기서 내가 말하는 것에 책임은 없다.) (*[역주]: 타노나는 2002년에 논문을 마쳤다. S. Tanona, *From Correspondence to Complementarity: The Emergence of Bohr's Copenhagen Interpretation of Quantum Mechanics*, Ph.D. diss., Indiana Univeristy, 2002.)

함'의 근원은 이 부분대수들을 하나의 고전적인 (불적인) 논리 구조 안에 포함시킬 수 없다는 점이다.[61] 내가 보기에 이러한 해석상의 제안이 올바른 방향의 철학적 · 메타과학적인 개입인 것 같다. 개별 과학의 기초에서 수행되는 작업과도 관련을 맺으며 (이 경우 관련 분야는 수학 기초론이다) 이러한 문제에 대한 철학적 사유와도 의도적인 관련을 맺기 때문이다. 이로써 상대화되고 역동적인 선험 개념을 논리학의 근본 원리까지 확장할 수 있는 가능성이 생긴다.[62] 물론 폰 노이만이 제안한 해석이 이론을 둘러싼 개념상의 난점을 완전히 만족스럽게 해결하는지는 지켜볼 문제이다.[63]

---

61) 이러한 제안을 처음 한 논문이 Birkhoff and von Neumann(1936)이다. 폰 노이만은 1938년 보어와의 공개 토론에서 이를 (보어의) 상보성에 대한 대안 해석으로 내놓았다. Bohr(1939, 30-9쪽)에 실린 폰 노이만의 논평을 보라. 독자는 강의 II에서 Quine(1951/53)이 양자역학에서 고전 논리가 수정될 가능성에 호소했음을 기억할 것이다. Quine(1970, 85-6쪽)은 이것이 바로 폰 노이만의 작업임을 지적한다(하지만 콰인은 두 곳 모두에서 위배되는 고전 논리가 배중률이라고 잘못 얘기한다). (*[역주]: 버코프와 폰 노이만이 문제 삼은 것은 배중률(law of excluded middle)이 아니라 분배 법칙(distributive law)이다.)

62) 폰 노이만은 1930년 수학기초론에 관한 유명한 논의에 참석해 형식주의를 대표했다. 아렌트 하이팅(Arend Heyting)은 직관주의, 카르납은 논리주의의 대표였다. 이 논의의 번역은 Benacerraf and Putnam(1964/83)에 있다. 내 자신의 제안은 양자 논리를 카르납의 언어틀 이론의 맥락 안에서 이해해야 한다는 것이다. 양자 논리는 경험적인 동기에서 비롯된 구성 원리의 수정이지 콰인처럼(주 61 참조) 시험가능한 경험 이론이 아니다.

63) 벨 부등식의 발견으로 부각된, 양자역학과 특수상대론을 통합하는 문제에서 양자 논리는 많은 도움이 될 것 같다. 예를 들어 EPR · 봄 실험에서 단일항(singlet) 상태는 세 선언의 연언인데, 선언 각각은 한쪽 스핀(쌍) 방향의 완벽한 역상관관계를 나타낸다. 벨 부등식의 이 결과를 고전 확률 이론으로 해석하면 문제가 생기는데, 이것은 분배 법칙을 함부로 적용해서 생긴 문제로 보인다. 또한 양자론이 예측하는 (고전적으로) 문제가 된 확률의 상관관계 또한 단일항 상태에서 직접적으로 파생된

**화학 혁명.** 라부아지에는 연소와 산화에 대한 아주 새로운 개념을 바탕으로 당시 유행하던 플로지스톤 이론을 대체하는 새로운 화학 체계를 만들어 냈다. 그런데 이 체계는 혁명적인 패러다임 전환에 대한 우리 설명과는 잘 맞지 않는다. 개념상의 혁신이라 해도 (새로운) 수학 구조의 참신한 적용 사례는 아니며, 우리가 주목한 구성적 조율 원리가 새로운 개념틀에 나타나지도 않기 때문이다. 그렇다 해도 라부아지에의 혁명은 고전 수리물리의 선험적 구성 원리라고 할 만한 질량 보존의 원리를 새롭게 응용했다. 저울을 사용한 엄밀한 실험적 방법을 화학 반응에 도입하여, 관련된 모든 반응물과 생성물을 (기체 상태 또한) 정밀하게 추적할 수 있게 된 것이다. 여기서 나는 18세기 후반의 화학 혁명이 우리 이야기와 연결되는 부분을 두 가지로 말하고 싶다.

첫째로 화학 혁명은 칸트에게 매우 중요했다. 칸트는 세기말의 급격한 과학적 변화를 이미 확립된 자신의 철학 체계 안에서 이해하려고 했다. 이는 1781년(1787년 재판)의 『순수이성비판』과 1790년의 『판단력비판』을 포함한다. 『순수이성비판』 시기에 칸트는 플로지스톤 이론을 화학의 전형으로 보아 화학을 온전한 과학이라고 생각하지 않았다. 하지만 이후 라부아지에의 작업에서 나온 새로운 발견을 점차 흡수한 결과, 칸트는 화학이 마침내 진정한 과학으로 확립되었다고 보아 이전의 과학 모형을 수정하려는 노력을 기울였다. 실제로 칸트는 1796년부터 1804년에 죽을 때까지 『자연과학의 형이상학적 기초에서 물리학으로의

---

논리적 결과이다. 양자 논리의 확률 공간에서 이 상태(명제로 취급)와 일관된 확률 측도는 (글리슨 정리에 의해) 정확히 하나로 결정되는데 바로 양자역학의 확률 측도이다. 이 점에서 (고전적으로) 문제가 된 상관관계는 "공통 원인"에 근거해 완전히 설명되며, 비국소 (초광속) 상호작용, 곧 한 계에서 행한 측정이 다른 계의 값을 바꾸는 신비한 문제는 생기지 않는다.

전이』라는 새로운 철학 저작의 초고에 매달렸는데 여기서 칸트는 무엇
보다 화학 혁명과 관련된 여러 과학적 문제 및 발견 전체와 씨름했다.
계획된 저작은 완성되지 못했지만 여기서 우리가 알 수 있는 것은 원래
칸트의 (메타)틀이 이미 세기말의 과학적 발전으로 말미암아 무리하게
확장되었다는 사실이다. 이는 결국 다음 세기 초에 칸트의 (메타)틀을
뒤엎는 결과를 가져온다.[64]

　이는 내 둘째 논점으로 이어진다. 화학 혁명은 내가 강의 III에서 언
급한 '2차 과학혁명'(1부, 주 62)의 초기 단계에서 중요한 일을 했다.
여기서 정량적인 정확성과 정밀성이 여러 관련 분야의 실험 활동에 처
음으로 도입되었기 때문이다. 이 분야는 화학(기체 이론 포함), 열과 전
기, 자기 이론을 포함한다. 이러한 발전에 힘입어 수리물리에서 새로운
이론화 방식이 생겨났다. 빛의 파동 이론, 열역학, 통계 역학, 제임스 클
러크 맥스웰의 전자기장 이론까지 쿤이 '베이컨식' 과학이라고 한 분야
들이 마침내 '고전' 과학이라는 수학적 이론의 일부로 편입되었다.[65]
이것이 우리 논의에 중요한 이유는 이러한 발전이 20세기 수리물리에
서 일어난 두 위대한 혁명(상대론과 양자역학)의 주요 배경을 이룬다는
사실이다. 두 20세기 혁명 모두 19세기 후반 빛(더 일반적으로는 전자
기 복사)과 물질의 상호작용을 이해하려 했던 노력에서 비롯되었으며,
이를 이용해 물질의 미시구조를 원자 관점에서 탐구하는 시도도 화학
혁명에서 시작되었다.[66] 따라서 화학혁명, 그리고 더 나아가 '2차 과학

64)『전이』 기획과 화학 혁명에 대한 칸트의 후기 저작(『유고』(*Opus postumum*)로 알
　려진 책에 수록)을 논의한 Friedman(1992, 5장)을 보라.
65) Kuhn(1976/77)을 다시 보라.
66) 상대론의 필수적인 배경은 로렌츠의 전자 이론이다. 이 이론은 무엇보다 전자기 복
　사와 물질 간의 상호작용을 원자 안에 구속된 전자의 진동주파수로 설명할 수 있다.

혁명'은 우리 논의와 앞뒤로 연결된다. 이전에는 19세기 초 자신의 철학적 (메타)틀을 신흥 과학에까지 확장하려 했던 칸트가 있었으며, 이후 20세기 초에는 칸트의 원래 (메타)틀이 붕괴했으며 이를 뿌리부터 고치지 않으면 안 된다고 말하는 개념상의 혁명과 연결된다.

**다윈 혁명.** 19세기 후반 생물학 전체에 걸친 발전은 우리의 철학적 틀과 직접적인 관련이 더 적다. 생물학의 주요 혁신은 수학과 관련이 없으며, 따라서 우리의 조율 원리나 (더 일반적인) 구성 원리는 여기서 논외의 문제이다. 그럼에도 화학 혁명의 경우처럼 우리 논의에서 주목한 몇몇 중요한 사건과 간접적인 관련은 있다. 과학 안의 문제 및 철학적이고 메타과학적인 문제와의 이런 관련은 이들 과학과 관련해 지금 철학이 처한 난국을 타개하는 데 도움이 될지 모른다.

먼저 『판단력비판』에서 칸트는 물리과학과 생명과학이 어떻게 하나의 철학적 (메타)틀 안에서 이해될 수 있는지를 밝히려 했다. 이러한 칸트의 노력은 19세기 후반 생물학의 혁명에서 중요한 부분이었다. 특히 칸트는 자연 세계에 대한 통일된 상 안에서 기계론과 목적론을 나름대로 일관되게 짜맞추려 했고, 이는 생물학과 물리학의 관계에 대한 환원론이나 생기론을 모두 피하는 중요한 모형을 제공했다. 『판단력비판』에서 칸트의 작업은 새롭게 등장한 진화론의 개념 흡수에 중요한 일익을

전자의 진동은 상호작용에서 유도되거나 이를 일으키기도 한다. 양자역학의 필수 배경은 물론 원자 스펙트럼을 설명한 보어의 옛 원자 모형이다. 또한 양자역학이야말로 화학 혁명의 완성이다. 원소의 주기율표와 가전자를 물리적으로 설명해 내기 때문이다. 원자론에 대한 현대적 기여는 모두 19세기 초 존 돌턴(John Dalton)의 화학적 원자론에 뿌리를 두고 있는데, 돌턴의 원자론은 일정 성분비의 법칙에서 라부아지에가 사용한 저울을 이용했다.

담당했으며, 특히 진화론을 목적론으로 이해하려는 경향이 강했던 독일에서는 더욱 그러했다.[67] 살펴본 대로『판단력비판』은 물리과학에서 당시 새롭게 등장한 개념들을 이해하려는 그의 노력의 핵심이기도 했다(특히 칸트가 각각 구성 원리와 규제 원리라고 한 것들 사이의 관계가 중요한 문제였다).[68] 이 책의 문제가 세기말 이들 개념과 생명과학과의 관계에서 다시 초점이 된 것이다.

둘째로 물리과학과 생명과학의 관계는 우리가 살펴본 몇몇 19세기 논의에서 중요한 문제였으며, 아인슈타인 상대론의 핵심 배경이 된다. 기하학 기초론에서 헬름홀츠의 작업은 정신물리학(psycho-physics)이라는 새롭게 등장한 과학에 대한 자신의 작업을 반영한다. 이 과학은 그 이름에서 알 수 있는 대로 물질과 정신 사이에 전통 철학이 확립한 간극을 메우고자 기획된 것이다. 특히 헬름홀츠는 공간 지각과 인과율(자연의 합법칙성)에 대한 신칸트적 관점에서 정신(더 나아가 생명)이 수리물리의 세계상과 어떻게 통합되는지를 보이려 했다. 이는 또한 물리학적 세계상에 대한 필연적이고 '초월적'인 구성들을 제시한다. 19세기 정신물리학에 기여한 이들, 곧 헬름홀츠 외에도 요하네스 뮐러, 구스타프 페히너, 에발트 헤링, 에른스트 마흐 등은 새로운 지적 시대의 문턱에 자신들이 서 있다고 느꼈고, 물리학, 심리학, 생물학 모두 마침내 하나의 엄밀한 과학적 틀 안에 통합될 것이라고 믿었다.

그런데 헤링과 마흐의 저작에서 공간 지각 이론은 진화론의 영향을 한층 더 많이 받아 헬름홀츠의 원래 개념에서 아주 멀어졌다. 헬름홀츠

67) 독일에서의 상황에 대한 논의로는 Lenoir(1982)를 보라.
68) 『유고』의 맥락에서 이 문제에 대한 논의로는 Friedman(1992, 5장 II절)을 보라. 1부, 주 77과도 비교하라.

에게 공간 표상은 그가 개별 적응이라고 생각한 과정에서 학습되거나 획득된 것으로, 그의 '경험주의' 지각 이론에 따르면 각 개인은 공간 표상을 자신의 성장 과정에서 획득하며 이전 세대로부터의 유전은 없다. 이와 반대로 헤링과 마흐가 옹호한 '선천론자'(nativist)의 입장에서는 공간 표상이 태어날 때부터 개인의 생리에 '내장'되어 있기 때문에 여러 세대를 거친 진정한 의미의 진화론적 적응이 가능하다.[69] 정신생리학에서의 이러한 입장을 배경으로 마흐는 과학적 인식론에서 칸트보다 실용주의와 자연주의 쪽으로 많이 기울었다. 이에 따르면 모든 과학(수리과학과 물리과학을 포함)은 인류가 자연 환경에 두루 적응하기 위한 생물학적 진화 과정의 산물이다.[70] 또한 이와 밀접히 연관된 인식론적 입장이 미국 실용주의의 발전에 토대가 되었다. 이는 찰스 샌더스 퍼스의 저작에서 잘 드러나는데, 여기서는 과학이 (확률적 또는 '우연적 tychistic') 진화 과정을 거쳐 발전한 자연의 일부라는 19세기적 과학·자연관이 날카로우면서도 풍부한 상상력으로 탐구되고 있다.[71]

---

69) 19세기 정신생리학에서 "경험주의"와 "선천주의"의 논쟁에 대한 논의로는 Turner(1994)를 보라. Hatfield(1990, 부록 A)가 조심스럽게 지적한 대로 이 논쟁을 철학에서 오래된 논쟁인 "경험주의"와 "합리주의" 사이의 논쟁과 혼동해서는 안 된다. 철학적 관점에서는 오히려 헬름홀츠가 "합리주의자"에 가깝고 마흐는 "경험주의자"에 가깝다.

70) 여기서 나는 특히 폴 포지만(Paul Pojman)과의 논의에 빚지고 있다. 이 주제에 관한 그의 학위 논문이 Pojman(2000)이다. 포지만이 지적하듯 헤링과 마흐는 진화를 한층 더 목적론에 가깝게 이해한 독일 전통을 따르고 있다. 둘 다 라마르크주의자이기도 했다. 이러한 배경 아래 마흐는 생물 진화와 문화 및 역사의 진화가 연속적이라고 보았다. 이 문제를 논의해 준 미카엘 하이델베르거와 라스무스 빈터(Rasmus Winther)에게 감사한다.

71) 이러한 관점은 원래 1891-92년 『일원론자』(The Monist)에 출판된 5개의 연속 논문에서 좀 더 분명히 전개된다. Hartshorn and Weiss(1931-35, 6권, §§ 7-65, 102-

하지만 20세기 초 물리과학의 계속된 발전은 19세기 후반의 '범생물학적' 비전과 결코 합치되지 않았다. 오히려 직관이나 일상적인 감각 경험과 의도적으로 멀어지려는 노력에서 고도로 추상적인 수학 이론(상대론과 양자역학)이 창안되었다. 실제로 2부 4절 끝에서의 우리 논의를 상기하면 여기서의 근본 문제가 무엇인지 명확히 집어낼 수 있다. 공간 지각에 대한 19세기 후반의 논의 전체는 동시대의 생물학과 정신물리학을 배경으로 헬름홀츠 식 자유 이동 이론의 틀 안에서 이루어졌다. 이 이론은 곡률이 일정한 공간에만 적용되며, 따라서 일반상대론에 쓰인 아주 새로운 (시공간) 구조에는 부적합한 이론이다. 따라서 생물학과 정신생리학을 근본 물리 이론의 수학적 틀과 통합하려는 19세기 후반의 시도는 이 지점에서 실패한다. 이제 남은 것은 물리 이론에 대한 20세기적 개념으로 이는 동시대 생명과학의 발전보다도 추상적인 수학과 (수리논리학과도) 궤를 같이 한다.

끝으로 20세기 초 논리실증주의자들의 과학적 철학은 바로 이 새로운 (추상적인 수학으로서의) 물리 이론 개념에서 동기를 부여받아 유지되었다. 반면 미국의 실용주의 운동에서 내세운 과학적 철학은 계속 생명과학, 특히 다윈의 진화생물학을 주로 강조했다. 하지만 19세기 후반 생명과학과 물리과학을 하나의 과학 패러다임(결국에는 진화와 관련된 이론)과 철학적 메타틀(진화론과 실용주의가 가미된 자연주의) 안에 통합하려는 노력은 실패로 돌아갔고, 이것이 현재 과학적 철학에서 논리실증주의 전통과 미국 실용주의 전통 사이의 분열이라는 결과로 이어졌다. 하지만 이에 대한 추가 논의는 다음 기회로 미뤄야겠다.

63, 238-71, 287-317)를 보라. 진화생물학과 미국 실용주의의 관계를 논의해 준 엘리자베스 로이드(Elisabeth Lloyd)와 피터 고드프리-스미스에게도 감사한다.

# 역자 후기

1999년 초의 일이다. 당시 나는 철학적 관심을 가진 물리학도로 졸업 후 진로를 고민하던 차였다. 그때 마침 박우석 교수님의 '수학철학'이라는, 학부생을 대상으로는 매우 드문 수업을 들을 기회가 있었고, 이를 계기로 철학에 관심이 있던 카이스트 학생들끼리 교수님을 중심으로 모임을 만들어 온오프 라인으로 활동하기 시작했다. 그런 우리에게 교수님은 철학자 한 명씩을 조사해 보라고 숙제를 내 주셨는데 그때 내게 떨어진 이름이 바로 이 책의 저자인 마이클 프리드만이었다. 지금 생각해 보면 내 물리학 전공을 염두에 둔 교수님의 의도적인 선택이었지만 그때는 프리드만이 누군지, 그 사람이 어떤 철학을 하는지 알 리 만무했다. 아무튼 얼마 뒤 내 책상 위에는 철학 분야의 표준 데이터베이스인 『철학자 색인』(*Philosopher's Index*)에서 뽑은 그의 저작 목록과 교수님이 갖고 계시던 것을 제본한 책 두 권이 놓여 있었다. (부끄러운 일이지만 주인을 따라 태평양을 건너갔다 온 이 책들을 지금도 소중히 간직하고 있다.) 이때의 치기 어린 심정은 그때 누군가에게 보낸 이메일에서도 잘 드러난다.

   요즘은 마이클 프리드만의 『칸트와 정밀과학』이란 책을 보고 있는데 칸트의 사상적 발전이 (거의 모든 한국의 연구가 그러하듯) '독일 관념론'이 아니라, 당대의 정밀과학(수학, 물리학, 화학)과의 긴밀한 상호작용과 그 기초를 위한 것임을 매우 정밀하고, 그러면서도 재미있게 서술하고 있는 책입니다. 감히 영미 과학철학의 훌륭한 성과라고 생각합니다. 동일한 저자의 36세 때의 천재적인 저작 『시공간 이론의 기초』도 있는데 제본만 해 놓고 아직 읽지는 못하고 있습니다만, 상대론의 수식이 쓰이기 때문에 넓은 독자에게 권할 만한 책은 못됩니다. (1999년 8월 1일)

그때 과연 그 책을 '재미있게' 읽을 수 있었는지는 심히 의문스럽지만 돌이켜 보면 프리드만과의 만남이 내 공부 방향에 큰 전기가 되었음을 고백해야겠다. 참으로 별것 아닌 우연이 인생을 좌우한다는 생각이 드는 것이다. 그때 교수님께서 다른 철학자를 조사하도록 시켰더라면 어떻게 되었을까? 그런데 이렇게 번역서를 내는 시점에서 보면 그러한 우연이 이 책을 내기 위한 필연적인 과정의 일부였다는 생각도 드는 것이다. 우연과 필연에 얽힌 철학적 문제는 뒤로하고, 아무튼 책으로 시작된 인연은 1년 뒤 당시 프리드만이 있던 인디애나에서 공부할 기회로 이어졌다. (프리드만은 2002년 가을에 스탠퍼드로 옮겨 지금까지 있다.) 실제로 그의 수업을 들은 것은 한 학기가 전부였지만 유학 시절뿐만 아니라 그 뒤로도 그의 글과 문제의식은 내 주변을 떠나지 않았다. 다행인지 불행인지 모르겠지만 어느 순간부터 프리드만의 철학관과 연구 방법론이 내면화되더라는 말이다. 철학사와 과학사를 포괄하는 역사에 대한 좀 더 진지한 관심도 그를 본받으려 한 것이며, 내 학위논문도 지금 생각하면 거의 의식하지 못한 채 그의 방법론을 양자역학에 적용한 것이었다. 어찌 보면 나라는 개체는 그가 표방하는 '역사 속 이성'의 꼭두각시라고나 할까?

『이성의 역학』은 물론 유학 시절부터 어느 정도 익히 알고 있었지만 실제로 이 책을 번역하게 된 것은 다시 한 번 박우석 교수님 덕분이다.

교수님은 내게 프리드만이 참여하는 네덜란드 학회에서 발표할 것을 제안하셨고 우리는 각각 그의 생각에 관한 논문을 한 편씩 발표할 기회가 2010년에 있었다.[1] 이렇게 마련된 공통된 관심사의 연장에서 어느 날 프리드만의 책을 같이 번역하자는 이야기가 나왔고 바로 이 책이 가장 적합한 대상임에 공감할 수 있었다.

  그것은 이 책의 분량이 짧은 이유도 있겠지만 그보다는 여기서 프리드만 자신만의 완숙한 철학적 견해가 드러나기 때문이다. 곧 이전까지 그는 주로 칸트에서 논리실증주의로 이어지는 철학사와 정밀과학의 관계에 대한 역사 연구를 해 왔다면, 이 책에서는 이를 바탕으로 동시대 철학에 대해 직접 발언하기 시작한다. 겉으로는 1999년 스탠퍼드대에서의 칸트 강연고에 불과하지만 그 내용에서는 20세기 후반 각각 콰인과 쿤으로 대변되는 주류 분석철학과 과학철학을 비판하며 그 이후를 지향하려는 야심찬 기획이 엿보이는 것이다. 특히 칸트의 철학과 논리실증주의를 '과학적 철학'이라는 큰 틀에서 바라보면서 그들이 실패한 부분과 살려 나갈 부분을 가려내어, 과학 지식에 대해 '계층화된 관점'이라는 자신만의 철학적 입장을 개진하고 있다. 또한 과학의 시대에 철학이나 이성이 어떤 기여를 할 수 있을까에 대한 폭넓은 고민도 함께 읽을 수 있는 책으로, 정밀과학과 철학, 한층 넓게는 과학과 인문학의 관계에 대한 무성한 논의에 하나의 준거를 제시한다는 생각이다. 이 번역서가 이 주제에 관해 원론적인 얘기로 정체된 국내 학계에 돌파구가 되리라는 것은 너무 큰 기대일까?[2]

---

1)  박우석 교수님의 논문은 이후 출판되었다. Park, W., "Friedman on Implicit Definition: In Search of the Hilbertian Heritage in Philosophy of Science," *Erkenntnis*, 76 (2012), 427-442.

2)  실제로 박우석 교수님은 프리드만을 원용해 과학과 철학의 관계에 대한 여러 모형

프리드만은 과학의 시대에 철학은 낡은 사유방식일 뿐이라는 과학주의의 오만과, 정밀과학에서 진행된 인식의 진보를 방관하는 철학자들의 오만 모두에 비판적이다. 철학은 과학의 발전, 그것도 거대한 개념상의 혁명에 꼭 필요하며 바로 여기에 철학만의 고유한 기능이 있다는 것이다. 그런데 이런 철학은 개별 과학자들에게 어느 날 날벼락처럼 찾아오는 영감으로서의 '철학적 영향'이 아니다. 실제로 프리드만은 이렇게 단발에 그치는 철학적 영향에 대해서는 상당히 부정적이며 양자역학을 그 예로 들고 있다. 여기에는 아인슈타인의 상대론에 필적할 만한 철학에서의 개입이 없었기 때문에 지금까지도 여전히 이론의 기초에 관한 개념상의 난점이 산재한다는 것이다. (참고로 역자는 양자역학에 대한 이런 견해에는 동의하지 않는다.[3]) 반면 상대론이라는 물리학의 혁명에 기여한 철학은 좀 더 구체적이고 역사적인 실체를 갖춘 '철학적 전통'이다. 이는 17세기 과학혁명에 따른 세계관의 변화와 연동된 기계론과 목적론, 자유와 필연, 우주에서 인간의 위치와 같은 철학 고유의 논쟁이기도 하지만, 더 구체적으로는 물리학의 근본 개념인 시간, 공간, 운동, 관성 등을 둘러싼 논변의 전통으로 뉴턴, 칸트, 헬름홀츠, 마흐, 푸앵카레와 같은 사상가들이 중요한 기여를 했다. 프리드만은 이를 메타과학적인 성찰 전통이라고 부르며, 바로 이 메타과학 전통에서 물리학, 특히 시공간 이론의 근본 원리와 틀이 어떻게 도입되고 뒷받침되었는지를 책 전체에 걸쳐 설득력 있게 밝히고 있다. 바로 이러한 지성사적

---

을 비판적으로 검토한다. "현대 학문 체계에서 철학의 위치,"『동서철학연구』, 59 (2011), 5-36.

3) 양자역학의 해석에 있어서도 칸트에서 유래하는 직관 또는 '그림' 개념을 둘러싼 철학적 논변 전통이 중요했다. 졸고, "양자역학 해석을 둘러싼 보어와 슈뢰딩거 논쟁,"『물리학과 첨단기술』, 21 (Apr. 2012), 4-8.

맥락을 고려할 때 상대성 이론의 철학적 중요성이 부각되며, 아인슈타인은 단지 20세기 물리학의 천재가 아닌, 17세기 이래 과학사상의 논변 전통을 이끌어 간 인물로 재평가될 수 있을 것이다. 『타임』지가 20세기의 인물로 그를 선정한 것이 단지 저널리스트들의 인기몰이는 아니었던 것이다.

과학의 시대에 철학의 역할에 관한 큰 주제와 더불어 프리드만의 관심이 집중된 또 다른 문제는 과학철학 분야 내의 핵심 문제인 합리성의 문제이다. 실제로 국역에 앞서는 유일한 번역인 이태리어역(2006년)의 부제는 『과학혁명과 합리성의 문제』(*Le rivoluzioni scientifiche e il problema della razionalità*)이다. 이는 쿤의 과학사 서술, 곧 그의 과학혁명의 이론에서 파생된 문제이다. 프리드만은 쿤에 대해 한편으로는 '20세기 후반 최선의 과학사 기술'이라는 긍정적인 평가를 내리면서도 쿤은 결국 그의 과학사 기술이 함축하는 비합리성과 개념 상대주의의 문제를 풀지 못했다고 지적한다. 서로 다른 두 패러다임을 공통의 기준에 의해 비교할 수 없다는 공약불가능성 개념이 함축하는 것은 하버마스가 이야기하는 합리적인 의사소통의 실패인 반면, 쿤은 퍼즐풀이 능력으로서의 도구적 합리성에만 주목함으로써 문제 해결에 실패했다는 것이다. 또한 쿤은 과학의 역사에서 철학의 역할을 위기의 시기에 풀리지 않는 퍼즐을 해결하기 위한 궁여지책 정도로 축소하고 있다.

이에 대한 보완책으로 프리드만이 제안하는 것은 과학사의 내적 발전과 더불어 과학적 철학의 역사를 같이 고려하자는 것이다. 서로 다른 패러다임의 종사자라 하더라도 앞서 말한 메타과학적 성찰 전통은 공유할 것이며, 이는 서로 간의 의사소통이 합리적으로 (곧 이치에 맞게) 이루어지기 위한 최소한의 조건을 마련해 주는 셈이다. 따라서 철학에서의 논변 전통은 과학혁명 시기에 새로운 틀을 뒷받침하는 일뿐만 아

니라 그 전환 과정이 합리적임을 보이는 일에도 꼭 필요하다. 과학은 이
제까지 인간 합리성의 모범으로 여겨졌지만, 이는 그 자체에 합리성의
기준을 내장하고 있기 때문이 아니다. 오히려 철학만이 과학을 합리적
인 활동으로 만들어 줄 수 있다. 물론 이것은 철학이 자체 안의 문제의
식에 빠질 때가 아니라 과학적 인식에 대한 메타틀로 기능할 때에만 그
러하다.

주의할 것은 프리드만의 초점이 과학적 합리성의 문제이지 실재론의
문제가 아니라는 점이다. 과학적 실재론의 문제는 거의 다루어지지 않
을 뿐만 아니라 책 곳곳에 문제 자체의 의의에 대한 평가절하가 암시되
어 있기도 하다. 실제로 국내에 번역된 많은 과학철학 문헌들이 실재론
의 문제를 집중적으로 다룬 반면 합리성의 문제는 상대적으로 소홀하
게 취급된 측면이 있다.[4] 물론 실재론을 합리성의 기초이자 어떠한 합
리성 논의에서도 빠질 수 없는 조건으로 보는 견해도 있지만 프리드만
은 이 둘을 날카롭게 구분해 실재론에서 어떤 입장을 취하든 자신의 합
리성 논의는 유효하다고 본다. "진리 개념은 과학적 합리성 개념에 필
요 없다"는 것이다. 이 점에서 퍼트남과 같이 진리를 합리적 수용가능
성과 동일시하는 논의와의 비교 연구도 재미있으리라고 본다.

쿤에 대한 프리드만의 비판이 주로 합리성의 문제에 한정된, 그의 과
학혁명 이론을 보완하는 성격의 것이라면 콰인에 대한 그의 비판은 한

---

4) 대표적으로 제임스 레디먼 지음, 박영태 옮김, 『과학철학의 이해』(이학사, 2003)와
   이언 해킹 지음, 이상원 옮김, 『표상하기와 개입하기』(한울아카데미, 2005)가 있다.
   특히 해킹은 서론인 1장에서 합리성의 문제를 다루지만 이는 책의 나머지 부분에서
   실재론의 문제만을 논의하기 위해서이다. 합리성을 중심주제로 한 뉴턴 스미스 지
   음, 양형진, 조기숙 옮김, 『과학의 합리성』(민음사, 1998)이 있기는 하지만 과학적
   실재론에 기초한 합리성 옹호라는 점에서 프리드만의 시도와는 차별된다.

층 신랄하고 전면적이다. 이는 무엇보다 과학 지식에서 어떤 선험적인 것도 부정하는 콰인의 인식론적 전체론을 향해 있다. 실제로 콰인은 카르납의 분석과 종합 구분의 실패를 공격하며 자신의 입장에 이르렀는데 여기서는 과학 지식을 포함한 인간의 모든 믿음을 연결된 광대한 그물망으로 그린다. 그 맨 바깥에 위치한 믿음은 경험과 직접 마주치면서 쉽게 수정되는 반면 중심에 가까운 믿음일수록 고착되어 수정되기 힘들다. 하지만 그런 상대적인 침투 정도의 차이 말고는 수학이나 논리학의 일반 원리나 경험적 지식 사이에 아무런 질적 차이가 없다는 것이 콰인 견해의 핵심이다.

하지만 카르납의 언어틀 이론이 분석과 종합 구분에 실패했다고 해서 정밀과학에서 선험 원리가 아무런 의미가 없다는 결론은 나오지 않는다. 오히려 정밀과학 이론을 더 잘 이해한다면 거기에는 어떤 선험적 기초가 있음을 알 수 있다. 실제로 아인슈타인의 상대론을 철학적으로 탐구한 라이헨바흐에서 칸트의 선험 원리는 상대화되지만 여전히 경험적인 법칙과 날카롭게 구분된다. 카르납은 이를 과학의 언어적 구조에서 분석과 종합의 구분이라고 보았지만 꼭 그렇게 경직된 논리적 관점에서 문제를 바라볼 필요는 없다. 과학사 기술에서도 이름은 다르지만 동일한 구분이 등장하기 때문이다. 바로 쿤의 널리 알려진 '패러다임' 개념이다. 한 패러다임 안에서의 정상과학, 곧 쿤이 퍼즐풀이라고 한 활동은 카르납의 표현대로라면 한 언어틀과 그 틀을 규정하는 논리 규칙을 받아들여 생기는 내적 문제에 몰두하는 과정이다. 반면 패러다임 전환에 해당하는 과학혁명은 어떤 언어틀, 어떤 논리 규칙을 처음 채택할 것인가에 관한 외적 문제이다. 실제로 쿤은 생의 후반기에 패러다임의 다른 이름인 '구조화된 어휘목록'과 상대화된 선험의 유사성을 인정하기에 이른다. 이 지점에서 선험과 경험의 구분은 과학에 대한 어떠한 체계적인 서술에도 반드시 필요함을 알 수 있다. 반면 이에 대한 콰인의 공격은 논리학과 수학기초론에서 나오기는 했지만 경험과학에 대한 이론으로는 별 가치가 없다. 그가 양자논리에서 부정되는 분배법칙과 배중률을 혼동했다는 점은 그의 과학적 소양마저 의심하게 만든다. 실제로 콰인의 저술에서 경험과학이 전혀 진지하게 다뤄지지 않는다는 것은 나만의 인상일까?

책의 내용을 더 이야기하는 것은 프리드만의 논의를 앵무새처럼 되풀이하는 일이 될 것 같기에 이 정도로 해 두고 그에 대한 개인적인 일화를 소개할까 한다. 앞서 말한 학회에서 그를 마지막 보았을 때 작은 체구와 적지 않은 나이에도 날카로운 목소리로 강연과 토론을 이끌던 모습을 기억한다. 그러면서도 개인적으로 이야기할 때에는 너무도 생기 있는 표정으로 화산폭발로 취소된 비행기 일정을 걱정하기에 오히려 '노숙한' 내 자신이 많이 부끄러워졌다. 순간 이성의 화신이 있다면 이런 모습이 아닐까라는 생각이 스쳐 갔다. 이 역자 후기를 쓰는 시점에 하버드 철학자 마이클 샌델(Michael Sandel)이 내방해 1만 명이 모이는 야외 강연과 교보문고 팬사인회를 갖는다고 한다. 그러고 보니 지금 이 글을 쓰는 도서관 열람실 앞자리에 고시생인 듯 보이는 학생이 샌델의 『정의란 무엇인가』를 읽고 있다. 전혀 다른 분야라고는 하지만 다루는 철학적 문제의 폭과 깊이에 있어서 프리드만은 샌델만큼이나 대접받아야 할 철학자가 아닌가라는 생각이 든다. 이 모두는 내가 프리드만의 '이성'에 단단히 세뇌된 결과일까?

번역서를 준비하는 동안 나는 템플턴 재단이 후원하는 연구과제 '과학에서의 큰 물음들' 양자역학 분과의 연구원으로 활동하면서 양자역학의 '서울 해석'으로 알려진 장회익 선생님의 철학적 견해를 공부할 기회가 있었다. 실제로 이 번역서에 앞서 우리말로 '메타과학'이라는 표현을 처음 쓴 것도 장회익 선생님이다. 이것은 단순한 우연의 일치라기보다 어떤 공유된 동시대의 문제의식이 있다는 방증일 것이다. 특히 최근의 저술에서 양자역학에서 인식주체의 역할을 논의하기 위해 칸트를 끌어들여 오는 대목은 의미심장하다.[5] 프리드만과 장회익 선생님의 저술에서 잠정적으로 내릴 수 있는 결론은 칸트의 틀이 지난 세기 물리학의 혁명과 그에 대한 수많은 철학적 반론에 직면했지만 어떤 부분에서 여전히 유효하다는 것이다.

마지막으로 번역서의 작업 분담과 도움을 주신 분들을 기록한다. 박우석 교수님은 1부의 강의를 번역하고, 나는 2부의 토론과 함께 전체적인 수정을 담당했다. 최종 수정 과정에서는 이대 화학교육과에 재학 중인 김가영 학생의 도움을 많이 받았다. 김가영 씨는 며칠 밤낮에 걸친 작업 도중 병이 나면서까지 이해가 안 가거나 문장이 어색한 부분을 모두 친절히 지적해 주셨다. 또한 거듭된 원고 지연에도 한결같이 꼼꼼하게 교정을 봐 주신 최민희 편집자님께도 고마움을 전한다. 이 책이 조금이라도 많은 독자에게 읽힐 수 있다면 그것은 모두 이들 덕분이다. 여러모로 쉽지 않은 책의 출판을 선뜻 약속해 주신 서광사 김신혁 사장님께도 감사드린다. 프리드만 교수님은 출간을 바로 앞두고 새로운 서문까지 보내오셔서 한국어판의 출간을 더욱 뜻깊게 해 주셨다. 물론 개인적으로 공은 이 모든 것을 시작하고 함께 해 주신 박우석 교수님께 돌리고 싶다.

2012년 6월
이정민

5) 장회익, 『과학과 메타과학』(지식산업사, 1990). 『물질, 생명, 인간』(돌베개, 2009).

# 참고문헌

Barnes, B. (1982) *T. S. Kuhn and Social Science*. London: Macmillan.

Barnes, B. and D. Bloor (1982) "Relativism, Rationalism and the Sociology of Knowledge." In M. Hollis and S. Lukes, eds. *Rationality and Relativism*. Oxford: Blackwell.

Bellone, E.(1976) *Il mondo di carta: Ricerche sulla seconda rivoluzione scientifica*. Milan: Mondadori. Translated as *A World on Paper: Studies on the Second Scientific Revolution*. Cambridge, Mass.: MIT Press, 1980.

Benacerraf, P. and H. Putnam, eds. (1964) *Philosophy of Mathematics: Selected Readings*. Englewood Cliffs, N.J.: Prentice-Hall. Second edition, Cambridge: Cambridge University press, 1983.

Birkhoff, G. and J. von Neumann (1936) "The Logic of Quantum Mechanics." *Annals of Mathematics* 37, 823-843.

Bohr, N. (1939) "The Causality Problem in Atomic Physics" (with following discussion). In *New Theories in Physics*. Paris: International Institute of Intellectual Co-operation.

Bricker, P. and R. Hughes, eds. (1990) *Philosophical Perspectives on Newtonian Science*. Cambridge, Mass.: MIT Press.

Brittan, G. (1978) *Kant's Theory of Science*. Princeton: Princeton University Press.

Carnap, R. (1922) *Der Raum: Ein Beitrag zur Wissenschaftslehre*. Berlin: Reuther and Reichard.

_____.(1928) *Der logische Aufbau der Welt*. Berlin: Weltkreis. Translated as *The Logical Structure of the World*. Berkeley and Los Angeles: University of

California Press, 1967.

_____.(1934) *Logische Syntax der Sprache*. Wien: Springer. Translated as *The Logical Syntax of Language*. London: Kegan Paul, 1937.

_____.(1950) "Empiricism, Semantics, and Ontology." *Revue Internationale de Philosophie* 11, 20–40. Reprinted in *Meaning and Necessity*. Second edition. Chicago: University of Chicago Press, 1956.

_____.(1963) "Replies and Systematic Expositions." In Schilpp(1963).

Cassirer, E.(1910) *Substanzbegriff und Funktionsbegriff: Untersuchungen über die Grundfragen der Erkenntniskritik*. Berlin: Bruno Cassirer. Translated as *Substance and Function*. Chicago: Open Court, 1923.

Cohen, I. (1999) "A Guide to Newton's *Principia*." In I. Cohen and A. Whitman, eds. *Isaac Newton: The Principia*. Berkeley and Los Angeles: University of California Press.

Creath, R., ed.(1990) *Dear Carnap, Dear Van: The Quine-Carnap Correspondence and Related Work*. Berkeley and Los Angeles: University of California Press.

De Pierris, G. (1993) "The Constitutive A Priori." *Canadian Journal of Philosophy*, Supplementary Volume 18, 179–214.

DeWitt, B. and N. Graham, eds. (1973) *The Many-Worlds Interpretation of Quantum Mechanics*. Princeton: Princeton University Press.

DiSalle, R. (1990) "The 'Essential Properties' of Matter, Space, and Time." In Bricker and Hughes(1990).

_____.(1991) "Conventionalism and the Origins of the Inertial Frame Concept." *PSA 1990*, vol. 2, 139–147.

_____.(1995) "Spacetime Theory as Physical Geometry." *Erkenntnis* 42, 317–337.

Earman, J. (1993) "Carnap, Kuhn, and the Philosophy of Scientific Methodology." In Horwich(1993).

Earman, J. and M. Friedman (1973) "The Meaning and Status of Newton's Law of Inertia and the Nature of Gravitational Forces." *Philosophy of Science*

40, 329–359.

Edgerton, S. (1991) *The Heritage of Giotto's Geometry: Art and Science on the Eve of the Scientific Revolution*. Ithaca: Cornell University Press.

Ehlers, J. (1981) "Über den Newtonschen Grenzwert der Einsteinschen Gravitationstheorie." In J. Nitsch, J. Pfarr, and E. Stachow, eds. *Grundlagenprobleme der modernen Physik*. Mannheim: Bibliographisches Institut.

Ehlers, J., F. Pirani, and A. Schild (1972) "The Geometry of Free Fall and Light Propagation." In L. O'Raifeartaigh, ed. *General Relativity. Papers in Honour of J. L. Synge*. Oxford: Oxford University Press.

Einstein, A. (1916) "Die Grundlage der allgemeinen Relativitätstheorie." *Annalen der Physik* 49, 769–822. Translated as "The Foundation of The General Theory of Relativity." In H. Lorentz, *et. al.*, *The Principle of Relativity*. London: Methuen, 1923.

_____.(1917) *Über die spezielle und die allgemeine Relativitätstheorie, gemeinverständlich*. Braunschweig: Vieweg. Translated as *Relativity, the Special and the General Theory: A Popular Exposition*. London: Methuen, 1920.

_____.(1921) "Geometrie und Erfahrung." *Preussische Akademie der Wissenschaft. Physikalischmathematische Klasse. Sitzungsberichte*, 123–130. *Erweiterte Fassung des Festvortrages gehalten an der Preussischen Akademie der Wissenschaft zu Berlin am 27. Januar 1921*. Berlin: Springer. Translated as "Geometry and Experience." In G. Jeffrey and W. Perrett, eds. *Sidelights on Relativity*. London: Methuen, 1923.

_____.(1922) *The Meaning of Relativity*. Princeton: Princeton University Press.

Friedman, M. (1983) *Foundations of Space–Time Theories: Relativistic Physics and the Philosophy of Science*. Princeton: Princeton University Press.

_____.(1990) "Kant and Newton: Why Gravity is Essential to Matter." In Bricker and Hughes (1990).

_____.(1992) *Kant and the Exact Sciences*. Cambridge, Mass.: Harvard University Press.

_____.(1996) "Exorcising the Philosophical Tradition: Comments on John McDowell's *Mind and World.*" *Philophical Review* 105, 427-467.

_____.(1997a) "Philosophical Naturalism," *Proceeding and Addresses of The American Philosophical Association* 71, 7-21.

_____.(1997b) "Helmholtz's *Zeichentheorie* and Schlick's *Allgemeine Erkenntnislehre*: Early Logical Empiricism and Its Nineteenth-Century Background." *Philosophical Topics* 25, 19-50.

_____.(1998) "On the Sociology of Scientific Knowledge and its Philosophical Agenda." *Studies in History and Philosophy of Science* 29, 239-271.

_____.(1999) *Reconsidering Logical Positivism.* Cambridge: Cambridge University Press.

_____.(2000a) "Geometry, Construction, and Intuition in Kant and His Successors." In G. Scher and R. Tieszen, eds. *Between Logic and Intuition: Essays in Honor of Charles Parsons.* Cambridge: Cambridge University Press.

_____.(2000b) *A Parting of the Ways: Carnap, Cassirer, and Heidegger.* Chicago: Open Court.

_____.(2001) "Geometry as a Branch of Physics: Background and Context for Einstein's 'Geometry and Experience'." In D. Malament, ed. *Reading Natural Philosophy: Essays in the History and Philosophy of Science and Mathematics to Honor Howard Stein on His 70th Birthday.* Chicago: Open Court.

Goodman, N. and W. Quine(1947) "Steps Toward a Constructive Nominalism." *Journal of Symbolic Logic* 12, 97-122.

Guicciardini, N.(1999) *Reading the Principia: The Debate on Newton's Mathematical Methods for Natural Philosophy from 1687 to 1736.* Cambridge: Cambridge University Press.

Habermas, J. (1981) *Theorie des Kommunikativen Handelns.* 2 vols. Frankfurt: Suhrkamp. Translated as *The Theory of Communicative Action.* Boston: Beacon, 1984.

Hartshorne C. and P. Weiss, eds. (1931–35) *Collected Papers of Charles Sanders Peirce*. 6 vols. Cambridge, Mass.: Harvard University Press.

Hatfield, G. (1990) *The Natural and the Normative: Theories of Spatial Perception from Kant to Helmholtz*. Cambridge, Mass.: MIT Press.

Heisenberg, W. (1958) *Physics and Philosophy: The Revolution in Modern Science*. New York: Harper & Row.

Helmholtz, H. (1865) *Vorträge und Reden*. 2 vols. Braunschweig: Vieweg. Fifth Edition, 1903.

Hempel, C. (2000) *Selected Philosophical Essays*, ed. R. Jeffrey. Cambridge: Cambridge University Press.

Hertz, P. and M. Schlick, eds. (1921) *Hermann v. Helmholtz: Schriften zur Erkenntnistheorie*. Berlin: Springer. Translated as *Hermann von Helmholtz: Epistemological Writings*. Dordrecht: Reidel, 1977.

Horwich, P., ed. (1993) *World Changes: Thomas Kuhn and the Nature of Science*. Cambridge, Mass.: MIT Press.

Howard, D. and J. Stachel, eds. (1989) *Einstein and the History of General Relativity*. Boston: Birkhäuser.

Köhnke, K. (1986) *Entstehung und Aufstieg des Neukantianismus: die deutsche Universitätsphilosophie zwischen Idealismus und Positivismus*. Frankfurt: Suhrkamp. Translated (partially) as *The Rise of Neo-Kantianism*. Cambridge: Cambridge University Press, 1991.

Kuhn, T.(1959) "Energy Conservation as an Example of Simultaneous Discovery." In M. Clagett, ed. *Critical Problems in the History of Science*. Madison: University of Wisconsin Press, 1959. Reprinted in Kuhn(1977).

_____.(1962) *The Structure of Scientific Revolutions*. Chicago: University of Chicago Press. Second edition, 1970.

_____.(1973) "Objectivity, Value Judgment, and Theory Choice." Matchette Lecture, Furman University. Reprinted in Kuhn(1977).

_____.(1976) "Mathematical versus Experimental Traditions in the Development of Physical Science." *Journal of Interdisciplinary History* 7, 1–31. Reprinted in Kuhn(1977).

_____.(1977) *The Essential Tension: Selected Studies in Scientific Tradition and Change*. Chicago: University of Chicago Press.

_____.(1993) "Afterwords." In Horwich(1993).

Lenoir, T. (1982) *The Strategy of Life: Teleology and Mechanism in Nineteenth Century German Biology*. Dordrecht: Reidel.

Lewis, C.(1929) *Mind and the World Order*. New York: Scribner.

Lützen, J.(1995) "Interactions between Mechanics and Differential Geometry in the 19th Century." *Archive for History of Exact Sciences* 49, 1–72.

Malament, D.(1986) "Newtonian Gravity, Limits, and the Geometry of Space" In R. Colodny, ed. *From Quarks to Quasars: Philosophical Problems of Modern Physics*. Pittsburgh: University of Pittsburgh Press.

McDowell, J. (1994) *Mind and World*. Cambridge, Mass.: Harvard University Press.

Miller, A.(1981) *Albert Einstein's Special Theory of Relativity*. Reading, Mass.: Addison–Wesley.

Misner, C., K. Thorne, and J. Wheeler (1973) *Gravitation*. San Francisco: Freeman.

Mulder, H. and B. van de Velde–Schlick, eds. (1978) *Moritz Schlick: Philosophical Papers*. Vol. 1. Dordrecht: Reidel.

Norton, J. (1984) "How Einstein Found His Field Equations, 1912–1915." *Historical Studies in The Physical Sciences* 14, 253–316. Reprinted in Howard and Stachel(1989).

_____.(1985) "What Was Einstein's Principle of Equivalence?" *Studies in History and Philosophy of Science* 16, 203–246. Reprinted in Howard and Stachel(1989).

Pap, A.(1946) *The A Priori in Physical Theory*. New York: Columbia University Press.

Parrini, P.(1998) *Knowledge and Reality*. Dordrecht: Kluwer.

Poincaré, H. (1902) *La Science et l' Hypothèse*. Paris: Flammarion. Translated as *Science and Hypothesis*. In G. Halsted, ed. *The Foundations of Science*. Lancaster: Science Press, 1913.

_____.(1905) *La Valeur de la Science*. Paris: Flammarion. Translated as *The Value of Science*. In G. Halsted, *op. cit*.

_____.(1908) *Science et Méthode*. Paris: Flammarion. Translated as *Science and Method*. In G. Halsted, *op. cit*.

Pojman, P.(2000) *Ernst Mach's Biological Theory of Knowledge*. Doctoral Dissertation: Indiana University.

Quine, W.(1948) "On What There Is." *Review of Metaphysics* 2, 21–38. Reprinted in Quine(1953).

_____.(1951) "Two Dogmas of Empiricism." *Philosophical Review* 60, 20–43. Reprinted in Quine (1953).

_____.(1953) *From a Logical Point of View*. New York: Harper.

_____.(1955) "The Scope and Language of Science." In L. Leary, ed. *The Unity of Knowledge*. New York: Doubleday. Reprinted in *The Ways of Paradox and Other Essays*. New York: Random House, 1966.

_____.(1960) *Word and Object*. Cambridge, Mass.: MIT Press.

_____.(1970) *Philosophy of Logic*. Englewood Cliffs, N.J.: Prentice-Hall.

Rawls, J.(1993) *Political Liberalism*. New York: Columbia University Press. Second edition, 1996.

Reichenbach, H.(1920) *Relativtätstheorie und Erkenntnis Apriori*. Berlin: Springer. Translated as *The Theory of Relativity and A Priori Knowledge*. Los Angeles: University of California Press, 1965.

Reisch, G.(1991) "Did Kuhn Kill Logical Empiricism?" *Philosophy of Science* 58, 264–277.

Richards, J.(1977) "The Evolution of Empiricism: Hermann von Helmholtz and the Foundations of Geometry." *British Journal for the Phiosophy of Science*

28, 235–253.

Riemann, B.(1919) *Über die Hypothesen, welche der Geometrie zugrunde liegen. Neu herausgegeben und erläutert von H. Weyl.* Berlin: Springer.

Schilpp, P., ed.(1949) *Albert Einstein: Philosopher–Scientist.* La Salle: Open Court.

_____., ed. (1963) *The Philosophy of Rudolf Carnap.* La Salle: Open Court.

Schlick, M.(1917) *Raum und Zeit in der gegenwärtigen Physik.* Berlin: Springer. Translated as *Space and Time in Contemporary Physics.* In Mulder and van de Velde Schlick(1978).

_____.(1918) *Allgemeine Erkenntnislehre,* Berlin: Springer. Translated as *General Theory of Knowledge.* La Salle: Open Court, 1985.

_____.(1922) "Helmholtz als Erkennistheoretiker." *In Helmholtz als Physiker, Physiologe und Philosoph.* Karlsruhe: Müllersche Hofbuchhandlung. Translated as "Helmholtz the Epistemologist." In Mulder and van de Velde–Schlick(1978).

Sellars, W.(1956) "Empiricism and the Philosophy of Mind." In H. Feigl and M. Scriven, eds. *Minnesota Studies in the Philosophy of Science.* Vol. 1. Minneapolis: University of Minnesota Press.

Shapin S. and S. Schaffer(1985) *Leviathan and the Air–Pump: Hobbes, Boyle, and the Experimental Life.* Princeton: Princeton University Press.

Stachel, J.(1980) "Einstein and the Rigidly Rotating Disk." In A. Held, ed., *General Relativity and Gravitation.* New York: Plenum. Reprinted as "The Rigidly Rotating Disk as the 'Missing Link' in the History of General Relativity." In Howard and Stachel(1989).

Stein, H.(1967) "Newtonian Space–Time." *Texas Quarterly* 10, 174–200.

_____.(1977) "Some Philosophical Prehistory of General Relativity." In J. Earman, C. Glymour, and J. Stachel, eds. *Minnesota Studies in the Philosophy of Science.* Vol. VIII. Minneapolis: University of Minnesota Press.

Torretti, R.(1978) *Philosophy of Geometry from Riemann to Poincaré.* Dordrecht: Reidel.

_____.(1983) *Relativity and Geometry*. New York: Pergamon.

Turner, R. (1994) *In the Eye's Mind: Vision and the Helmholtz-Hering Controversy*. Princeton: Princeton University Press.

van Fraassen, B.(1980) *The Scientific Image*. Oxford: Oxford University Press.

Westfall, R.(1971) *Force in Newton's Physics: The Science of Dynamics in the Seventeenth Century*. New York: American Elsevier.

Wigner, E.(1961) "Remarks on the Mind-Body Question." In I. Good, ed. *The Scientist Speculates*. London: Heinemann. Reprinted in *Symmetries and Reflections*. Bloomington: Indiana University Press, 1966.

Wittgentein, L.(1922) *Tractatus Logico-Philosophicus*. London: Routledge.

# 찾아보기